電影與國際關係

陳牧民・陳鳳瑜——著

前言

國際關係與電影
——從「亞果出任務」與「盧安達飯店」談起

二○一二年十月，一部描寫美國中情局特工在一九七九年伊朗革命之後協助美國大使館人員成功逃離伊朗的劇情片「亞果出任務」（ARGO）在台灣上映，連續兩個週末成為票房冠軍，該片在全球各地更是創下二億三千萬美元的票房。這部電影在隔年的奧斯卡金像獎獲得最佳影片、最佳改編劇本，以及最佳剪輯三項大獎。

或許因為奧斯卡獎的「加持」，在台灣看過這部電影的人其實相當多，也讓「亞果出任務」成為近年來少數非娛樂性主題，但知名度卻頗高的一部好萊塢電影。

「亞果出任務」其實是一部重現歷史事件的影片，背景是一九七九年的伊朗革命。當年這場革命將統治伊朗數十年的獨裁者巴勒維國王（Shah Pahlavi）推翻，將流亡在法國的伊斯蘭宗教領袖柯梅尼（Ayatollah Khomeini）迎回國內，成為新伊朗的統治者。柯梅尼認為巴勒維國王統治時期的各種政策（逮捕異己、親西方、推行資本主義）都是美國和以色列等「撒旦」在背後操控，號召人民前往其大使館抗議。結果包圍美國大使館的示威群眾突破封鎖衝了進去，扣留了六十六名大使館人員，將他們拘禁了四百四十四天才釋放。此事是當年最轟動的國際新聞之一，而美國和伊朗的關係從那時候開始就沒有好過，至今兩國政府仍然相互敵視，也沒有恢復邦交。

二〇〇四年的電影「盧安達飯店」（Hotel Rwanda）是另一個例子。這部電影的背景是一九九四年四月到七月間發生在非洲盧安達的種族大屠殺，當時因為胡圖族的總統被殺，該族遷怒境內的少數民族圖西族，遂發起種族大屠殺，短短三個月內有八十萬的無辜人民（絕大多數是圖西族）遭活活砍死，而國際社會竟然無力阻止這樣的慘劇，使得盧安達成為二十世紀人類文明最大的污點之一。這部獲得三項奧斯卡獎提名的電影講述的是族群衝突引發的區域危機，以及聯合國維和部隊執行任務時所面臨的窘況。這些都是國際政治最重要的主題，如果沒有「盧安達飯店」電影的出現，相信大多數人對於當年那場發生在非洲內陸「某小國」的慘劇仍然是懵懵懂懂，甚至連主修國際關係的學生都不一定知道為何像聯合國這樣的國際組織仍然無法阻止盧安達悲劇的發生。

以國際關係為主題的電影不僅僅具有娛樂性或知識性的功能而已，有的時候甚至能改變政策的走向。二〇一〇年有一部電影「失控正義」（Whistleblower），講述的是國際維和部隊官員在波士尼亞集體參與並包庇非法人口販運情事，內容十分驚悚，卻是根據一位美國女警察布柯維琪（Kathryn Bolkovic）在波士尼亞擔任維和部隊官員的親身經歷而來，她循聯合國內部管道反應都無效後，不得不向媒體揭發此事，後來一位加拿大女導演孔得拉琪（Larysa Kondracki）和一位愛爾蘭女劇作家克爾菀（Eilis Kirwan）合力將故事拍成電影。電影公開上映後舉世譁然，迫使聯合國秘書長潘基文做出回應，承諾將就維和部隊涉案的事實進行調查，以及未來防止類似事情再度發生。

電影最迷人的特質之一，是透過影像將我們一般人無法親歷或體會的事件「演」出來。一九九八年的電影「搶救雷恩大兵」（Saving Private Ryan）就是這樣一個例子：當時導演史蒂芬·史匹柏（Steven Spielberg）採用的攝影手法讓觀眾幾乎感覺就像身處在一九四四年六月六日當天的諾曼第海灘上，跟親身參與戰爭沒什麼兩樣，細心的觀眾甚至能從電影畫面看到濺到攝影鏡頭上的血漬。電影的動態表達方式，讓原本看似枯燥的歷史或理論變得更生動活潑、也更容易理解。這對於想瞭解國際情勢，或是想研究國際關係的人來說，實在是最活潑有效的學習工具。

有一些學者曾經嘗試結合「電影」與「國際關係」這兩個領域，撰寫學術性文章來介紹關於國際政治的電影。目前看到最早的一本書是一九九八年由美國大學（American University）Robert Gregg 教授所出版的《影片中的國際關係》一書（International Relations on Film, Lynne Rienner, 1998）。Gregg 教授次年在 World Policy Journal（世界政策期刊）上寫了一篇論文，介紹他心目中最好的十部國際關係電影，名列如下：

Shane 原野奇俠（一九五三）（美國西部片）

Dr. Strangelove 奇愛博士（一九六四）（史丹利庫柏立克執導，內容講述核武浩劫）

The Battle of Algiers 阿爾及利亞之役（一九六六）（講阿爾及利亞獨立戰爭）

The Lawrence of Arabia 阿拉伯勞倫斯（一九六二）（傳奇英國軍官勞倫斯協助阿拉伯人獨立的故事）

Burn 烈火（一九七〇）（馬龍白蘭度主演，講西方國家對加勒比海島國的經濟剝削）

Salvador 突破煉獄（一九八六）（背景是拉丁美洲國家受美國操控的獨裁政權）

The Killing Fields 殺戮戰場（一九八四）（一九七五年赤柬政權統治高棉的情況）

Alexander Nevsky 亞歷山大涅夫斯基（一九三八）（蘇聯電影，講述十三世紀俄羅斯人對抗條頓民族的故事，隱喻蘇聯與納粹德國之間的對抗）

Yes, Prime Minister 是的，首相（一九八六，一九八七）（英國電視劇，講政府的危機

處理）

Before the Rain 暴雨將至（一九九四）（巴爾幹半島種族衝突）

這張表裡的電影相信大多數人都沒看過，或是根本沒有聽過，除了「阿拉伯勞倫斯」、「殺戮戰場」等片偶爾會在大賣場的經典電影DVD花車裡看到，其他幾乎是找也找不到了。美國期刊《外交政策》（Foreign Policy）二〇〇九年四月在其網站上刊載了一篇由國際關係現實主義學者瓦特（Stephan Walt）所寫的文章，列舉了十部他認為跟外交政策最有關係的電影：狂戀維納斯（Meeting Venus, 1991）、ID4星際終結者（Independence Day, 1996）、諜對諜（Syriana, 2005）、紐倫堡大審（Judgment in Nuremburg, 1961）、桃色風雲搖擺狗（Wag the Dog, 1997）、核戰爆發令（Fail Safe, 2000）、甘地（Gandhi, 1982）、印度之行（A Passage to India, 1984）、大獨裁者（Great Dictator, 1940）、奇愛博士和北非諜影（Casablanca, 1942）。這份名單裡雖然列了幾部比較晚近的電影，例如「ID4星際終結者」，但大多數還是讓人覺得很陌生。另一位國際關係學者德雷茲納（Daniel Drezner，他曾經寫出一本非常有意思的書《殭屍與國際關係》）不甘示弱，兩天後也在《外交政策》網站上刊出了他自己的「十大電影名單」，不過他推薦的電影更小眾，這裡就不再一一列舉，有興趣的讀者可以在網站搜尋看看。

網路上其實還有很多類似的電影排行榜，有些還把「星際大戰」（**Star Wars, 1972**）之類的科幻電影放進去。另外有一個名單把法蘭西斯柯波拉（**Francis Coppola**）的經典電影「教父」（**The Godfather, 1972**）列為榜首，認為這部電影裡的三兄弟（湯姆、桑尼和麥克）剛好代表美國外交政策的三條路線（自由制度主義、新保守主義、與硬、軟權力併用的現實主義）。其實「教父」電影所隱含的馬基維利（**Machiavelli**）思想一直是許多國家執行外交政策所遵循的原則：運用權力來獲取利益、為達目的不擇手段，更不必講道德。有些國家在國際舞台上為了保障自身利益所做的骯髒勾當和黑幫教父們比起來的確不遑多讓。另外**Mark Sachleben**與**Kelvin Yenerall**所合著的《觀看大螢幕：電影與流行文化中的美國與國際政治》（**Seeing the Bigger Picture: American and International Politics in Film and Popular Culture, 2012**）一書中認為「北非諜影」（**Casablanca, 1943**）裡的幾位主角剛好影射的就是二次大戰時期的幾個參戰國（美國、德國納粹、法國維琪政府、法國反抗軍）等。

以上所列的電影大多數都是好萊塢的產品，或者是英語世界觀眾比較熟悉的電影，選擇用這樣的角度來解讀國際關係等於是用美國的眼光來看全世界。前一陣子在中興大學國際政治研究所舉行的一場關於伊朗政治與外交的座談會上，和兩位居住在台灣的伊朗學者談到「亞果出任務」這部電影，他們都不約而同地認為這部電影用相當負面的角度來描寫一九七九年時的伊朗。這兩位教授當時都住在德黑蘭，甚至還參加了反美的運動，但是他們都認為當時的伊朗不見得就像電影裡描寫的那麼恐怖。

要避免戴上「美國製」的眼鏡看國際關係其實不難，例如香港學者沈旭輝就寫了一系列介紹國際關係電影的短文，沈不僅從政治理論觀點著眼，還夾著自己在文化與歷史的訓練，以較多元角度切入，故在選片上就彈性多了，例如從「黃昏的清兵衛」，導出日本末代的武士們，縱然不死於西南戰爭，則可能成為日本軍國主義的先驅？談「色戒」，則是論到民國初年汪精衛政權特務機關的人事糾葛與愛恨情仇，這些故事夾敘夾議後來集結成《國際政治夢工廠》一書出版，還發行了兩本續集（簡體字版由中國人民大學出版社出版，二〇一〇年）。比較難的反而是選擇的標準：什麼樣的電影才能算是國際關係的電影？很多電影其實都跟國際關係有關，筆者在這裡舉幾個例子：國際關係中有「集體安全」（collective security）的概念，也就是小國之間組成的軍事同盟可以有效地對抗具有侵略企圖的敵國。最能顯示「集體安全」如何運作的電影是日本導演黑澤明早年所執導的「七武士」（一九五四）。讀者如果沒看過七武士也沒關係，後來好萊塢的一部動畫片「蟲蟲危機」（A Bug's Life, 1998）基本上就是類似情節。另外國際關係理論中目前頗為流行的「建構主義」或「後實證主義」理論，如果要找一部電影來做解說，個人認為最適合的莫過於基努李維（Keanu Reeves）所主演的「駭客任務」（The Matrix, 1999）。「阿凡達」

（Avatar, 2009）和動畫片「風中奇緣」（Pocahontas, 1995）等電影則充滿著濃濃的「反殖民主義」或「生態主義」。不過如果要拿這些電影來解釋國際關係，相信大多數讀者大概都會覺得扯得太遠、不切實際。

因此我們在撰寫這本書的時候，用的是比較通俗的選擇標準，也就是這些電影都是與當代國際情勢有關，而且推出的時間都在最近二十年之內（最老的電影是「迫切的危機」，一九九四年）。受限於台灣片商多是進口美國電影，為了讓讀者更輕易取得本書介紹的電影，因此本書在電影的選擇上，有一半以上的比例來自好萊塢。同時為了避免讓本書呈現過於偏向美國的觀點，我們也刻意選擇了一些非美國的電影，包括「歡迎來到德國」（德國電影）、法國／阿爾及利亞合資拍攝的「光榮時刻」、韓國電影「共同警戒區」，以及墨西哥電影「時代啟示錄」。有些是根據歷史事實來拍攝，例如描寫古巴飛彈危機的電影「驚爆十三天」、重現二〇〇八年華爾街金融風暴的「大到不能倒」；也有些是虛構劇情，但是其所描寫的內容卻很真實，例如描寫中東情勢的「諜對諜」與「關鍵指令」；還有帶有嘲諷意味的黑色喜劇「天外飛來一隻豬」。本書最後選擇了十六部電影，雖然仍不免有遺珠之憾（例如描寫獵殺賓拉登的電影「凌晨密令」就沒有放入），但至少已經呈現出當代國際關係最多元、且是最完整的圖像。

電影向來稱為第八藝術，不止因為是它為第八種的藝術呈現方式（前七類為繪畫、雕塑、建築、音樂、文學、舞蹈、戲劇），其實它也是這七種藝術的融合，包含了視覺、音樂、戲劇、設計創造種種元素，也因為電影融合各種元素，觀影看的不只是內容部分，當然精彩的對白也常讓人拍案叫絕，例如在「奇愛博士」中有段在戰情室裡的經典對白：**Gentlemen, you can't fight in here! This is the War Room.**（各位，這裡是專門處理打仗的地方，你們不能在這裡打架！）電影的影像也常有各種隱喻與解讀，例如在中國電影「讓子彈飛」（二〇一〇年）裡有段馬拉火車的奇幻影像，則隱含著辛亥革命後的中國，打著民主共和之名，行傳統專制換湯不換藥的改革；或是在「日落真相」裡看到高大的麥克阿瑟與矮小的日本天皇合影，不用任何說明，就傳達出日本天皇神的形象在戰後的崩壞。除了影像，音樂的表現也能傳遞出豐富的意涵，例如透過電影「出埃及記」（**Exodus,** 1960）主題曲的悲壯樂聲，我們感受到猶太人祈求一塊可以安身立命土地的渴望；或是在「現代啟示錄」（**Apocalypse Now,** 1979）聆賞到以華格納的「女武神的飛行」（**Ride of the Valkyries**）交響樂做為直升機出擊越南的絕妙配樂，那種撼動人心之感，實在是古典與現代科技合作無間的絕佳典範。

不過電影也只能是輔助，它在引起觀眾的興趣後，最後還是要透過個人廣泛與深入的資料涉獵，才能攫取事件原貌。畢竟電影是導演自己的觀點，觀影者未必要被牽著鼻子走。只是透過電影的介紹，讓讀者瞭解國際社會發生了什麼事、這些事件的影響，以及與我們生活的連結等等。也希望讀者從電影汲取國際關係知識同時，試著瞭解一部電影的背景故事與製作過程，如此更可領略電影藝術各種面向的無窮樂趣。

目次

前言
國際關係與電影
——從「亞果出任務」與「盧安達飯店」談起 3

1 冷戰下的美蘇對立
——驚爆十三天（Thirteen Days） 17

2 阿富汗戰爭中的美國角色
——蓋世奇才（Charlie Wilson's War） 39

3 以鮮血與暴力成就獨立大業
——光榮時刻（Hors-la-loi） 55

4 後冷戰時期的種族與宗教衝突
——三不管地帶（No Man's Land） 73

5 南北韓緊張對峙背後不為人知的祕密
——共同警戒區 JSA 91

6 二〇〇三年伊拉克戰爭的真實面貌
——關鍵指令（Green Zone） 107

7
操弄中東產油國政局幕後的那隻黑手
——諜對諜（Syriana） 127

8
二〇〇八年全球金融風暴背後的真實故事
——大到不能倒：金融海嘯真相（Too Big to Fail） 145

9
美日關係與一九四五年東亞國際新秩序的起點
——日落真相（The Emperor） 165

10
描寫以巴衝突的黑色喜劇
——天外飛來一隻豬（When Pigs Have Wings） 183

11
經濟全球化下拉丁美洲的發展困境
——時代啟示錄（Even the Rain） 201

12
抵抗國家暴力與普世人權價值的實踐
——從翁山蘇姬：以愛之名（the Lady） 219

13
一場骯髒的反毒戰爭
——迫切的危機（Clear and Present Danger） 237

14
與非洲獨裁者伴君如伴虎的人生
——最後的蘇格蘭王（The Last King of Scotland） 253

15 面對索馬利亞海盜的真實記錄——怒海劫（Captain Phillips） 271
16 外勞政策與移民問題——歡迎來到德國（Almanya - Willkommen in Deutschland） 289
參考書目 305

1 冷戰下的美蘇對立——驚爆十三天（Thirteen Days）

這次行動不是封鎖，是甘迺迪總統與赫魯雪夫總書記的溝通方式，這是一種新語言！

KEVIN COSTNER
THIRTEEN DAYS
You'll never believe how close we came.
DECEMBER 20

美國新線影業（New Line Cinema，屬華納集團）二OOO年發行
來源：Impawards 電影海報網
http://www.impawards.com/2000/thirteen_days.html

如果要選擇一部電影作為介紹二十世紀國際政治的代表之作，相信多數教授國際關係的老師會選擇「驚爆十三天」。該片是描述冷戰時期美國甘迺迪總統在古巴危機時十三天的決策過程，在兩個多小時的影片裡包含了許多國際關係的基本元素：權力政治、冷戰、核子武器，以及危機處理等。電影基本上是按照歷史上發生過的真實事件來拍攝，對於人物對話及事件過程都有精確的考究，加上運用了許多當年的歷史照片和影像，使這部片看起來就像是紀錄片般的逼真。

「驚爆十三天」由於劇情高度擬真，加上主題嚴肅、對白剛硬，貫穿整片的是一場又一場的會議，如果拍的不好，容易流於類紀錄片大災難，就電影觀賞的娛樂價值而言將大打折扣。但是驚爆十三天這部電影卻聰明地將如此沉重的劇情，很有層次地將甘迺迪總統與幕僚們在決策過程時的思考邏輯與面對壓力時猶豫不決、脆弱的一面流暢地呈現，毫不枯燥。觀眾的情緒輕易地被主角肯尼·歐唐納帶進甘迺迪總統決策現場，可說是一部瞭解政治人物決策的最佳電影。

肯尼·歐唐納是約翰·甘迺迪總統的首席特助，同時也是總統與總統弟弟羅伯·甘迺迪的多年好友，他們三人的關係是超越長官與部屬的上對下關係。在片中可以看出肯尼·歐唐納除了展現政治幕僚的專業判斷力外，對待總統老闆始終不卑不亢、言所當言，不怕犯顏直諫，但在重要時刻，對總統則是毫不遲疑的忠誠，是幕僚的最佳典範。而驚爆十三天就是以歐唐納的觀點紀錄甘迺迪總統在古巴危機時的決策過程。

蘇聯在古巴部署飛彈，危機的開始

在片中一開始就以肯尼．歐唐納與第一夫人賈桂琳一段俏皮的對話拉開歐唐納一天工作開始的序幕，也藉此表現歐唐納與第一家庭非比尋常的關係。當時賈桂琳一臉不滿地拿著宴客名單，攔住歐唐納抱怨為何她的好友都被剔除在名單外，歐唐納對著第一夫人道：「你的名單中沒有選票、沒有金主」，但賈姬苦著臉說，我只想與好朋友聚聚，但是歐唐納回道：「宴會是政治的一部分。」誠如歐唐納所言，政治人物要付出任何成本前，都要精密計算回收，就算是一場宴會，也是要錙銖必較。

當然身為總統的首席幕僚要處理的不只是這種選舉宴客的事，這時中情局根據U－2偵查機的空中攝影，拍到蘇聯正在古巴境內部署飛彈，他們向歐唐納要求馬上向總統報告。

在歐唐納的安排下，白宮馬上召開危機處理會議，分析古巴設置飛彈的威脅，軍方表示SS－4型地對地中程飛彈可乘載核子彈頭，發射後五分鐘內就可到華盛頓，將造成八千萬人的傷亡，而這項工程預計在八到十四天內完成，很顯然的，這是蘇聯對美國反守為攻的開始。甘迺迪總統問大家的意見為何，國務卿建議循外交模式，讓國際社會譴責蘇聯與古巴，或者是出兵攻擊古巴；年輕的國防部長麥納瑪拉則表示在發動攻擊前，要先除掉炸彈，因為沒人能保證，美國在古巴飛彈發射後，能擊落所有飛彈。這一次會議讓甘迺迪感到失望，他覺得大家都未能盡全力解決這個難題，都是一些泛泛之談，他與弟弟巴比與歐唐納三人私下討論，認為解除古巴飛彈危機除了先發制人，別無他法，但是一旦造成傷亡，蘇聯一定會攻擊柏林，則必須啟動北約機制，戰爭就會爆發……，眼下難題千頭萬緒，三人苦思對策未果，巴比建議應擴大決策範圍，找更多頭腦好的人進入決策圈，因此決定組成國安執行委員會。

這部電影的主軸是冷戰，「冷戰」是一九四五年二次世界大戰結束後美國與蘇聯之間陷入對峙的一種狀態。美國與蘇聯在二次大戰中結盟，共同對抗德國納粹並取得最後勝利，自然而然成為戰後新國際秩序的規劃者。但是這兩個超級強權從意識形態到經濟制度都完全不同，彼此都希望能夠保持在國際社會的影響力並且擴大其勢力範圍，最後的結果就是走向對峙。

冷戰之所以稱為「冷」戰，是因為美國與蘇聯之間並沒有真的打起來，而是在彼此勢力範圍的疆界上進行武力對峙。在歐洲大陸，這條疆界從德國開始將其一分為二，一直往下延伸到巴爾幹半島，在這條線西邊的就是以美國為首的「自由主義」陣營，而界線的東邊，就是由蘇聯控制的東歐共產主義陣營，按照英國首相邱吉爾的說法，就是所謂的「鐵幕」國家。在亞洲，這條界線也造成了南北韓、南北越，以及中國大陸與台灣之間的分裂和對峙。這些對峙因為背後牽涉到的都是兩大超強的利益，只要處理不好，就有可能引發第三次世界大戰，因此美國與蘇聯都非常謹慎地避免升高衝突的層次，並且沿著雙方的勢力範圍界線部署重兵，這讓冷戰呈現出一種軍事高度對峙但表面維持和平的奇特狀態。

冷戰之所以打不起來，原子彈的出現是很重要的關鍵。一九四五年八月美國在廣島和長崎投下兩顆原子彈後，世人開始瞭解這種武器的可怕威力。一九四九年蘇聯也成功製造出原子彈並試爆成功，從此美蘇兩大超強都擁有這項可怕的武器，冷戰進入核武對峙的新階段。

一九五〇年代，美國與蘇聯都致力於製造更多，毀滅性更大的核子武器，也都想辦法把這些原子彈部署在彼此對抗的界線上。不過美國比蘇聯還擁有一項地理上的優勢：美國東西兩邊都有廣闊海洋所形成的天然屏障，因此蘇聯的核武並不能直接威脅到美國的本土。不過就在一九五九年古巴革命成功，正式投入蘇聯陣營之後，蘇聯看到了在核武領域贏過美國的新機會，也就是把新開發出來的短程核武飛彈SS－4部署在古巴，這樣就能夠對美國本土造成直接威脅。

軍方主戰，壓力不斷升高

在電影中，由於甘迺迪遲遲不願下令偷襲古巴，軍方不斷給總統壓力，空軍總參謀長李梅（Curtis LeMay）建議應該在飛彈裝置好前採取行動，空襲古巴，他們認為封鎖和談判是懦弱的行為。軍方此時面對古巴飛彈危機的鷹派作風，無非是想一雪兩年前豬灣事件失敗之恥。但是當總統回問軍方，一旦我們採取空襲行動，蘇聯會如何回應，李梅竟然回答：什麼也不會做！甘迺迪反譏回去，如果這事發生在美國，美國有人傷亡，他一定會反擊回去。顯然軍方只想制敵機先，根本沒有想到開啟戰端後，敵人會做如何的反撲，但是甘迺迪是總統，他思考的問題層面更高，因為一旦掀起戰端，最後如何收拾殘局？人民的性命財產如何保障？

接下來幾天，白宮對蘇聯採取何種策略仍是莫衷一是，不過在會議上逐漸發展出「直接空襲」和「海上封鎖」兩種策略，前者以軍方為首，特別是空軍參謀長李梅等鷹派；而提出封鎖隔離的則是文人國防部長麥納瑪拉——事實上連麥納瑪拉自己都不太認為封鎖算是一個好的策略。這時駐聯合國大使阿德雷．史蒂文森（Adlai Stevenson）提出第三種思考，他建議撤除土耳其飛彈以交換蘇聯撤除古巴飛彈，但是這一個提議馬上被總統否決，因為一旦撤除土耳其飛彈，表示美國會為了自保，而放棄歐洲的安全，也等於是向蘇聯示弱。但是甘迺迪仍肯定阿德雷願意提出另類思考的勇氣。不過阿德雷也知道他的這個失言，斷送了他自己未來的政治生命。

甘迺迪是在一九六〇年當選美國總統，當年四十三歲，是美國歷史上第二年輕的總統（最年輕的是老羅斯福，四十二歲當選），也是第一位天主教徒出身的總統。他的當選可以說象徵著一個新時代的出現：他和前任總統艾森豪剛好是兩個完全不同的世代，艾森豪是二次大戰期間的盟軍統帥，而甘迺迪在二戰期間才應徵入伍服役。戰後因為家族的關係，他轉而投身政治，三十歲當選眾議院，三十五歲當選參議員，八年後成為總統。

也因為甘迺迪很年輕就當選總統，因此在進入白宮之後和年紀比自己高出許多的各級軍政首長之間存在著一定的矛盾，而他又比較信任年齡和經驗與自己相仿的幕僚來作決策，特別是他的弟弟羅伯．甘迺迪（Robert Kennedy，時任司法部長，在劇中暱稱「巴比」），以及在電影裡由凱文・柯斯納所飾演的肯尼（Kenneth O'Donnell）。在電影裡同樣屬於甘迺迪這一圈子的還有羅伯・麥納瑪拉（Robert McNamara），他在三十九歲時以福特汽車公司副總裁的身分被甘迺迪兄弟延攬擔任國防部長，以及邁克喬治・邦迪（McGeorge Bundy，四十一歲，時任國家安全顧問）。而資深的軍政首長則包括了老外交家迪恩・艾奇遜（Dean Acheson，前美國國務卿）、空軍參謀長李梅將軍、參謀總長聯席會議主席泰勒（Maxwell Taylor）上將。艾奇遜是杜魯門總統時代的國務卿，冷戰初期美國外交戰略的總舵手，李梅將軍是二次世界大戰期間對日本進行戰略轟炸的總策劃者。戰爭期間去敵區進行轟炸任務的風險極高，

古巴飛彈危機中的三個主角：巴比（左）、甘迺迪（中）與肯尼（右）
來源：IMDB 電影網站 http://www.imdb.com/title/tt0146309/?ref_=fn_al_tt_1

並不是每個人都能活著回來，因此很多飛行員貪生怕死而藉故不出勤，據說李梅為了樹立軍威，下令只要飛行員抗命就立刻送軍法審判，並且親自坐鎮在出任務的第一架轟炸機，前往敵區進行轟炸，由此可見其膽識不凡。也由於這些「老臣」們具有極為豐富的領導和治國經驗，遇上甘迺迪這群年紀比自己小二十來歲的小伙子們，有時不免會露出不信任甚至輕蔑的態度。電影中有幾幕很可以看出甘迺迪這群年輕人和他們之間的緊張關係。

不願輕啟戰端，甘迺迪選擇封鎖古巴

時間一分分的流逝，蘇聯在古巴的飛彈工程也緊鑼密鼓的進行，美國對蘇聯要採取何種策略，實在不能再拖下去了，因此總統決定上電視發表文告，直接訴求人民的支持，但是到上電視的前一刻，到底要採取偷襲或是封鎖，甘迺迪還是無法決定，他要求泰德（Ted Sorenson）同時準備「封鎖」與「空襲」兩份文稿，但到最後一刻總統還是決定採取封鎖。在總統正式在電視上發布文稿後，歐唐納大讚文稿寫得真好，他很好奇地問泰德說另一篇空襲的文稿一定寫得更好，但泰德說，他並未寫另一篇。顯見要寫出一篇「宣戰」的文稿，內心要承受多大的煎熬！

雖然總統採取封鎖古巴策略，但是軍方仍蠢蠢欲動，他們有些瞧不起這個年輕的總統，因此仍千方百計想插手這個事件，他們以監測古巴的名義，向總統提議要低空拍攝古巴飛彈部署的情形，總統一時不察，同意了這項行動，但歐唐納提醒總統這項行動並未如表面看到的簡單，因為一旦古巴發現偵察機，恐會認為是美國派來空襲或挑釁，將會反擊，如果造成美國空軍任何傷亡，戰事一定會開啟，他警告總統這是軍方故意設下的陷阱。

為了防杜事端擴大，歐唐納決定介入此事，他親自打電話給執行空拍任務的空軍隊長，要求他的小組絕對不准被古巴射中，否則將引發戰事。這次空拍任務果不其然被古巴防空機關槍掃射，機身彈痕累累，但面對空軍參謀長李梅查詢是否有遭到古巴攻擊時，這位識相的隊長只是淡然回應沒有，只有一些「鳥擊」而已。歐唐納運用他的智慧成功化解了軍方的陰謀，但這只是軍方染指這項行動的開始而已。另值得一提的是，影片中歐唐納為了加強白宮的威嚴，特別在白宮總機小姐中挑選口氣最為嚴峻，不容一絲質疑的小姐，要她直接從白宮打電話給空軍基地執行任務的空軍隊長，這個用意是要讓空軍隊長在心裡對白宮建立不可挑戰的地位，也是要樹立歐唐納的指令的不可質疑性。這幕雖然只有短短的一段，卻足見編劇的用心，充分顯示歐唐納這位幕僚心思之縝密，且對心理策略之掌握。

在甘迺迪獲得美洲國家組織支持美國封鎖古巴後，美國在十月二十四日上午十點正式對古巴執行海上封鎖。在封鎖令生效當天，白宮與國防部莫不屏息以待，想知道這個封鎖禁令是否能有效嚇阻蘇聯船隊前往古巴，因為一旦無效，戰爭危機立刻升高，甘迺迪政府的領導威信將一敗塗地。最後傳來蘇聯船隻紛紛掉頭返回的消息時，白宮與五角大廈響起歡呼聲，但高興的時間不久，還是有兩艘蘇聯貨輪不顧警告強行駛往古巴，而更可怕的是兩艘貨輪的下面，還有一艘潛艇在護航。這時負責整個封閉行動的安德森上將又接到歐唐納的電話，歐唐納要求海軍的安德森上將（Adm. George Anderson）必須在不能造成任何傷亡的情況下，逼使潛艦掉頭。不過軍方對甘迺迪的考驗並未停止，在未知會總統下，軍方竟然逕自將三級戰備提高到二級戰備，這個已是核武戰備的層級，讓雙方劍拔弩張的情勢更為加溫。

第一波封鎖未奏效，甘迺迪領導威信面臨挑戰

雖然成功迫使蘇聯潛艦掉頭，但陸續有六艘蘇聯船隻仍不顧美國警告，依然前往古巴，甘迺迪總統面對軍方的不受指揮，加上第一波行動未能完全百分之百封鎖，讓他對自己的決策開始產生質疑，他在內外交逼的情況下，支開了歐唐納，與弟弟羅伯．甘迺迪私

下聯絡各報主筆，放出美國應以撤除土耳其飛彈來與蘇聯交換的風向球。這樣的做法，當然引發北約各國的不滿，國際不滿的聲浪更造成美國的壓力。歐唐納對甘迺迪總統兄弟背著他下了這個決策，又要他收拾殘局，感到很不滿。

另一方面，蘇聯代表卓林藉機在聯合國安理會指控美國在毫無證據下封鎖古巴，造成國際危機，加上之前土耳其撤彈的失誤，美國國際聲望大受打擊，如能在聯合國安理會壓制蘇聯代表卓林（Valerisn Zorin）的氣燄，並讓國際社會重拾對美國的信心，是美國谷底翻身的關鍵。但是羅伯・甘迺迪對駐聯合國大使阿德雷沒有信心，認為他是扶不起的阿斗，氣勢根本壓不過卓林，甚至在阿德雷發言的前一刻還想換掉他；而歐唐納雖然也對阿德雷沒有信心，但是他知道陣前換將，氣勢已矮人一截，所以他只能打電話給阿德雷鼓勵他，不要讓總統失望。阿德雷這一方也深知這一次的發言將是挽救他政治生命的最後一役，他只有全力以赴。阿德雷一上場，先是態度堅硬的表示美國確實有證據，他要卓林直接回答蘇聯有沒有在古巴設置中長程飛彈，但是卓林躲躲閃閃，不願正面回答，但是阿德雷死咬住卓林，他義正辭嚴地要卓林正面回答蘇聯到底有沒有在古巴設置飛彈，阿德雷最後大發飆說：我就等你等到地獄結冰，也等不到答案。接下來他把美國U－2偵察機在古巴所拍攝到的飛彈基地照片展示出來，這等於是在全世界所有國家面前指控蘇聯公然說謊，在安理會現場的各國代表看到之後一陣譁然，一面倒地支持美國，美國終於在外交的角力上扳回一城。

封鎖古巴第三天，年輕的國防部長麥納瑪拉在國防部五角大樓監控古巴封鎖情勢，聽到海軍將領安德森下令對不聽禁令的蘇聯船隻發射照明彈，麥納瑪拉一時不察，以為是發射砲彈，大聲斥喝安德森為什麼擅自開火，但卻引來對方的訕笑，說那只是照明彈，並且嘲諷說自獨立戰爭以來海軍一直都知道如何執行封鎖令，他指責麥納瑪拉在那裡瞎指揮只會妨礙任務的進行。麥納瑪拉臉上無光，但是他馬上正色道：「那你如何能確知蘇聯同時也知道這只是照明彈，如果他們跟我一樣以為這是砲彈，那該怎麼辦？」他對著指揮室所有將官大聲說：「這次行動不是封鎖，是甘迺迪總統與赫魯雪夫總書記的溝通方式，這是一種新語言！」

在電影裡，美國駐聯合國大使阿德雷在安理會槓上蘇聯代表卓林，以及麥納瑪拉在和海軍將領安德森吵架是很戲劇性的兩幕。當年電視剛剛開始流行，聯合國安理會開會的情況可以透過電視轉播傳送出去，因此阿德雷和卓林那場充滿機鋒的對話被完整保留下來。其實阿德雷並不是像電影裡他自己描述的那樣是過氣的政客，他曾經在一九五二年與一九五六年兩度代表民主黨參選美國總統但皆敗選。在甘迺迪當選總統後任命他當駐聯合國大使，算是一種政治酬庸。據說他過去在政壇上就以辯論技巧出眾而聞名，這次在安理會上，他面對蘇聯代表卓林的傲慢態度，利用言語步步進逼，還利用蘇聯在古巴的飛彈基地照片等鐵證向全世界告狀，讓他一戰成名，這個事件也幾乎是聯合國歷史上最經典的一幕。至於麥納瑪拉和安德森的對話，歷史上是否真有其事不得而知，可是這幕很精確的點出文人部長和職業軍人之間的不同：後者考慮的只是如何按照上級命令達成任務，包括執行海上封鎖在內；但對麥納瑪拉而言，任何對蘇聯採取的動作都必須考慮到可能的政治後果。在古巴危機期間，美國這邊其實並不知道蘇聯領導階層真正的想法，深怕任何動作會引發對方的誤判而挑起戰端。麥納瑪拉在這裡似乎有些反應過度，但他惱羞成怒地講出一番「甘迺迪總統正在創造新的方式和赫魯雪夫總書記溝通」的說辭，也的確是美國採取封鎖策略背後的真正目的。

美國駐聯合國大使阿雷德在安理會槓上蘇聯代表卓林的歷史鏡頭
來源：維基百科共享資源
http://commons.wikimedia.org/wiki/File:Adlai_Stevenson_shows_missiles_to_UN_Security_Council_with_David_Parker_standing.jpg

赫魯雪夫願意和談，真假難斷？

就在同時，白宮透過一位資深媒體人，接獲一個自稱代表赫魯雪夫的使者所傳來的訊息，表示如果美國願意承諾不攻擊古巴、不推翻古巴政府，蘇聯就願意撤除飛彈；這對甘迺迪來說是個很正面的訊息，但這個自稱赫魯雪夫的傳話人是否可信？是否能真正代表赫魯雪夫？此訊息攸關白宮的決策，因為這個訊息如果是蘇聯刻意用這個談判來拖延美國，爭取古巴飛彈工程的時間，將陷美國進入萬劫不復境地；但如果這個訊息為真，則古巴飛彈危機將迎刃而解。但是蘇聯並沒有給美國太多時間考慮，他要美國在三個小時內回覆。在這麼短的時間要做這麼重大的決定，唯一可以驗證的是傳話人的代表性，因此甘迺迪要歐唐納到中情局徹查傳話人的資料，歐唐納在當中僅能發現傳話人曾是赫魯雪夫軍中同袍，除此之外，看不出兩人有特別的關聯，當歐唐納向甘迺迪回報這個訊息，甘迺迪也僅能依據這個線索下判斷，最後甘迺迪決定相信這個關聯，向傳話者回應，只要蘇聯拆除炸彈，運回蘇聯，美國保證不侵略古巴，但是美國要求蘇聯在四十八小時內回應。

隨後白宮果然收到赫魯雪夫的信，經過分析，認為該封信確實是赫魯雪夫所寫，因為語調感性，未經外交部潤飾，也未經政治局核准，白宮因此確認了傳話人的真實性。但是好景不長，白宮當晚又收到另一封來自赫魯雪夫的信，該信又推翻之前協議，但是白宮的軍事專家一致認為新信不是赫魯雪夫所寫，判斷赫魯雪夫已經被迫下台。國防部長麥納瑪拉認為前一封信是拖延戰術，赫魯雪夫顯然是傀儡，現在是強硬派當權，他擔心蘇聯飛彈快部署完成，他要求總統應該開戰；同時也有新的偵察照片顯示蘇聯正加緊趕工。軍方表示，如果再不採取動作，時間拖越久，對美國的情勢越不利。在軍方層層進逼下，甘迺迪總統不得不下最後指令，決定在週一早晨宣布空襲古巴。

軍方步步進逼，要求甘迺迪宣戰

在這麼緊繃的情勢下，又傳出古巴擊落美國一架偵察機的消息，這又更加強蘇聯第二封信的真實性，讓軍方確信蘇聯現在是由強硬派主導，更有理由對古巴開戰；但是不願輕易開戰的甘迺迪總統仍表示要先確定是不是蘇聯誤射，而不是攻擊。但是軍方堅持依據開戰規則，應該馬上空襲攻擊美國戰機的古巴基地，但是甘迺迪仍不願立刻宣戰，他要確認這是不是誤射，仍堅持等到週一上午才宣布空襲。

雖然已經下令週一開戰的甘迺迪總統，顯然不願停止任何尋求和平解決的契機，在苦思之後，決定向蘇聯提出撤除土耳其飛彈的交換方案，歐唐納聽到這個決定，與羅伯大吵一架，他認為一旦開始向蘇聯退讓，蘇聯將會不斷向美國要求更多的讓步，到時如果也要求撤退柏林飛彈時，美國將退無可退！但是羅伯．甘迺迪表示如果不趕快與蘇聯進行協議，這個政府就完蛋了，他要求歐唐納要全力支持這個方案。在說服了歐唐納之後，甘迺迪總統馬上與幕僚開了一場內部會議，會中做了一個更大膽的假設：赫魯雪夫沒有被政變，過去偵察機被擊落是場意外，因此美國可以假裝根本沒有第二封信，只有收到第一封信。當然此項決定在與軍方討論時，遭到軍方嚴重的質疑根本在做夢，軍方痛斥政府過去幾個月就是做著這種美夢，才讓蘇聯趁機偷運飛彈、部署飛彈，而且美國憑什麼說服蘇聯？但是甘迺迪表示他會提出以撤除土耳其飛彈做為條件交換，但前提是蘇聯絕對不能將此秘密協議曝光，一旦曝光，美國政府將全盤否認。在甘迺迪強大的信念下，軍方也不得不接受這個決策。但面臨開戰不到三十個小時，如何將美國的訊息正確無誤傳達，且又具權威地能讓蘇聯政府相信，甘迺迪總統決定將這個重責大任交付給自己的弟弟羅伯．甘迺迪，他要求羅伯親自前往蘇聯大使館去傳達美國的條件。最後羅伯終不辱使命，蘇聯釋出善意，接受美國的協議，古巴飛彈危機終於和平落幕。

羅伯前往蘇聯大使館與蘇聯大使多布里寧（Anatoly Dobrynin）見面的那一幕是危機逆轉的關鍵，因為就在這次談判中，蘇聯最後同意以換取美國撤除部署土耳其飛彈為條件而同意撤出古巴。當然美國也保證永遠不會推翻古巴政府、也不會以任何理由出兵古巴，等於在一定程度上給了蘇聯面子。

因為這部電影從頭開始都是以美國的角度在看待這場危機，觀眾所感受到的所有反應、焦慮、猜測等都是從以甘迺迪為主的美國決策者的看法，我們並不知道蘇聯領導人是怎麼想的，他們是不是真的想發動戰爭？還是他們和美國人一樣心中充滿恐懼？導演在這一幕中特別加了一小段來處理這個問題。當羅伯與多布里寧談判時，歐唐納坐在外面，對面坐了一位女性。片中並沒有刻意說明這位女性是誰，但可以從她胸前的徽章看出她是蘇聯大使館的人。那女人很明顯地表現出緊張與焦慮，即使沒有說話，但是觀眾很容易感覺到她內心的恐懼。可見美蘇之間無論意識形態如何不同，政治上如何敵對，雙方人民心中的想法卻是一致的，都不希望看到核子大戰的爆發。冷戰結束後，當年蘇聯總書記赫魯雪夫的兒子賽爾蓋（Sergei Khrushchev）以訪問教授的身分前往美國布朗大學任教，後來就在美國住了下來。他有時會接受美國媒體的訪問，談蘇聯人在冷戰期間的生活。據他回憶，在古巴飛彈危機期間，包括赫魯雪夫在內等蘇共領導階層事實上並不知道美國的真正意圖，也不確定美國是否真的會開戰，因此他們也和美國這邊的決策者一樣，承受著巨大的壓力。

貫徹不啟戰爭信念，甘迺迪一肩承擔決策壓力

電影最後的三個層次的決策會議可說是甘迺迪總統運作古巴飛彈危機和平落幕最精彩的轉折點，甘迺迪雖然在軍方的步步進逼下答應週一宣戰，但他仍不願放棄一絲一毫可尋求和平解決的契機，因此縱然離開戰不到三十個小時，他仍然試圖扭轉整個局面，他先說服最重要政治幕僚歐唐納接受他以撤除土耳其飛彈來與蘇聯交換；再說服軍事幕僚，蘇聯政府或許尚存善意的可能；最後再試圖說服軍方，但最關鍵的是，縱然軍方百般的不認同，他仍以絕不啟動戰爭的信念，貫徹到底。而在本片中甘迺迪曾有與他的幕僚數度提到《八月炮火》（The Guns of August），這本書是由歷史學家塔克曼（Barbara Tuchman）女士所寫，描述在一次世界大戰是因為誤判與錯誤的決策，導致交戰雙方死了幾百萬人，這也是構成甘迺迪總統縱然在內外交逼下，仍不輕言開戰的中心思想。

古巴飛彈危機結束後，甘迺迪總統團隊處理危機的智慧與能力受到各界肯定。一九七一年美國有政治學者艾里森（Graham Allison）以古巴飛彈危機為案例，寫了一本名叫《決策的本質》（Essence of Decision）的學術著作，用三種決策模式來分析危機當時的決策過程。這本書開啟了國際關係學界研究外交決策的新領域，直到今天還有許多學者引用，而古巴飛彈危機也成為後世研究「危機處理」的絕佳教材。

觀眾可能會好奇的一點，是這部電影為什麼能夠以近乎還原歷史現場的方式來呈現古巴飛彈危機的始末？電影中的許多會議、人物，以及他們的對話到底是否真的發生？外界不知道的是，在古巴飛彈危機期間，甘迺迪總統秘密地將每一場他與幕僚之間的會議全程錄音，這些珍貴錄音帶在冷戰結束後由美國政府正式對外公開解密。兩位哈佛大學的歷史學家整理所有錄音帶之後，共同寫出《甘迺迪錄音帶：古巴飛彈危機期間的白宮內部》一書並在一九九七年出版。這本書提供了大量過去各界未曾見過的原始資料，也是「驚爆十三天」這部電影劇本主要的資料來源。

在古巴飛彈危機結束後第二年，美國總統甘迺迪遇刺身亡，留給世人無限的惋惜；而蘇聯共黨總書記赫魯雪夫則在一九六四年遭到整肅下台，七年後抑鬱而終。在「驚爆十三天」這部電影裡完全沒有出現赫魯雪夫的形象，不過對歷史電影有興趣的人可以在另一部描寫二次世界大戰期間史達林格勒戰役的電影「大敵當前」（**Enemy at the Gates, 2001**）裡看到這位充滿霸氣的蘇聯前領導人的形象，在二戰史達林格勒戰役中，前線的俄國軍官，一聽到史達林特使赫魯雪夫的視察，莫不緊張萬分甚至是大汗淋漓。

今天，當我們透過「驚爆十三天」這部電影看五十年前的這場危機，看到的不僅是甘迺迪總統團隊的膽識智慧，也不只是冷戰氣氛下的美蘇對立。這部電影提醒我們的是：這個世界曾經離全面毀滅如此接近，要戰爭還是和平，最後只在人的一念之間。

2

阿富汗戰爭中的美國角色

——蓋世奇才（*Charlie Wilson's War*）

「世事便是如此，我們光榮的改變世局，但往往留下爛攤子……。」

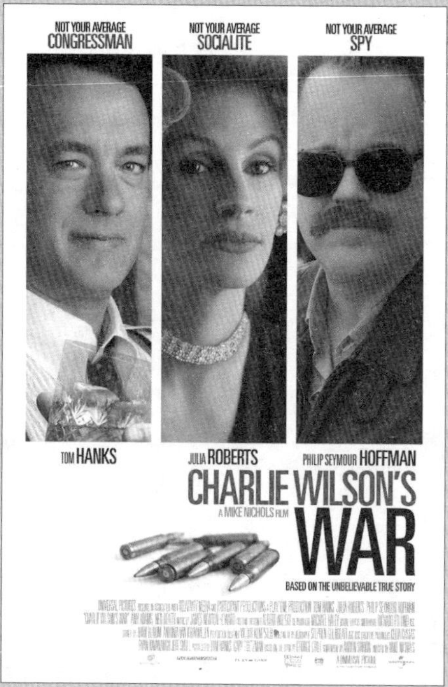

美國環球影業（Universal Pictures）
二〇〇七年發行

來源：Impawards 電影海報網
http://www.impawards.com/2007/charlie_wilsons_war.html

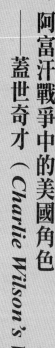

蓋世奇才（Charlie Wilson's War）是一部傳記式的電影，改編自喬治．奎爾（George Crile III）的著作《查理的戰爭》（Charlie Wilson's War: The Extraordinary Story of the Largest Covert Operation in History），描述在冷戰時期，美國眾議院議員查理．威爾森與中央情報局幹員葛斯．艾弗洛科托斯（Gust Avrakotos）共同合作，透過外交手段與國會遊說技巧，讓美國國會同意撥款援助阿富汗反抗軍，使他們能夠對抗入侵的蘇聯軍隊。

「蓋世奇才」這齣電影在台灣上映時並沒有受到多大的注意，大概是因為它的劇情涉及阿富汗戰爭這種冷門題材，內容嚴肅，加上片中主角「查理．威爾森」這位美國國會議員，台灣人多不認識，因此縱然它挾著兩大巨星：茱莉亞．羅勃茲與湯姆．漢克之威名，在台灣的票房僅有一千多萬元，表現普通。但因為本文作者之一長期在立法院工作的緣故，倒是非常喜愛這部電影，因為它描述的美國國會議員工作方式，除了檯面上的國會問政，私底下的運作模式，在某一程度上，與台灣有驚人的相似，例如為了換取其他議員對自己法案的支持，則必須去支持其他議員的法案這類的利益交換；或是為了滿足主力支持者的需求，任何赴湯蹈火的任務也都執行，像是電影中查理被支持者要求飛到巴基斯坦去見總統齊亞哈克這種奇怪的任務。而其中讓筆者感到最有趣的部分，就連議員日常生活所遇到的困擾也頗為相似，例如必須耐住性子應付五花八門、喋喋不休的選民；還有遭遇到類似被指控吸毒等醜聞時，面對噬血的新聞媒體，在新聞回應上的句斟字酌。在台灣目前尚沒有一部夠水準描寫立法院運作的電影情況下，「蓋世奇才」對瞭解民主國家國會議員的工作模式，倒是不錯的選擇。

美國人貧乏的國際觀

電影一開始就以很大的反差方式介紹查理．威爾森其人其事。影片以倒敘手法開始，一開始是在一個偌大停機場內的一場頒獎典禮，情境很怪異，因為在這麼光榮的時刻，卻在密閉的空間舉行，也沒有任何的媒體，實在不像美國人喜歡張揚的個性！原來這場頒獎典禮的舉辦是在冷戰結束，蘇聯解體後，是中情局表揚美國眾議員查理．威爾森在冷戰時期成功策劃的一項秘密行動，這個行動大幅削弱蘇聯在冷戰時的影響力，因此中情局破例以業外同僚的最高榮譽來表彰查理．威爾森對國家的貢獻。但下一個鏡頭馬上就回溯到冷戰時這個國民英雄在賭城拉斯維加斯荒唐的夜生活，當時的查理．威爾森正泡在按摩浴缸裡與一群裸體美女共浴，一名電視製作人不斷遊說查理出錢投資一齣華府的朱門恩怨（八〇年代美國最有名的肥皂劇），同時也能讓在一旁陪浴的花花公子封面女郎能夠擔任女主角。

查理．威爾森雖然在玩樂中，但是電視上正在播放的一則新聞卻引起了他的注意，當時著名的新聞節目主持人丹．拉瑟（Dan Rather）包著頭巾在阿富汗做現場訪問，阿富汗民兵聖戰士們大力抨擊美國是不是睡著了，任由蘇聯軍隊入侵阿富汗，他們警告美國，如果再姑息，蘇聯將會進攻波斯灣，接下來就是美國了。這則新聞引起了查理的興趣，身旁的封面女郎自作聰明地說這個報導是在印度，查理正色的說那不是印度，是阿富汗——在這部電影中有很多類似的橋段自嘲大多數的美國人對亞洲與中東問題的一知半解。

之前在介紹「驚爆十三天」時已經略為說明冷戰的形成背景，以及美蘇在古巴飛彈危機期間的角力。到了一九七九年，兩大超級強權的較量轉移到位於亞洲內陸、有世界屋脊之稱的阿富汗。阿富汗人民在一九七三年廢除國王，建立共和政體，蘇聯希望扶植一個親莫斯科的政府，因此支持一個名為「阿富汗人民民主黨」（PDPA）的左派政黨。不過阿富汗人民民主黨內部有兩個敵對的派系，一個稱為人民派（Khalq），另一個稱為旗幟派（Parcham）。一九七九年九月，人民派領袖、同時也是政府總理的阿明（Hafizullah Amin）發動政變，推翻總統塔拉基（Nur Muhammad Taraki）並將其殺害。塔拉基屬於旗幟派，過去留學蘇聯時曾經是布里茲涅夫（一九六四年到一九八二年間蘇聯最高領袖）的學弟，政策立場比較親蘇聯。阿明上台明顯違反蘇聯的利益，莫斯科決定以武力干涉。當年十二月，蘇聯派遣特種部隊進入阿富汗首都喀布爾，將阿明逮捕處決，扶植另一位旗幟派領袖卡爾邁勒（Babrak Karmal）擔任國家元首。卡爾邁勒擔心自己地位不穩，要求莫斯科提供軍事援助，大量的蘇聯軍隊浩浩蕩蕩越過邊境，阿富汗實際上被蘇聯全面占領。

阿富汗人不願意看到自己的國家被外人占領，紛紛組織成反抗軍與蘇聯軍隊對抗。這些民兵自稱「聖戰士」（Mujahidin），這是表示他們是為了維護伊斯蘭信仰所從事之神聖戰爭的戰士。蘇聯軍隊占領阿富汗並帶來共產主義及激進的社會改革，是虔誠穆斯林眼中的敵人，阿富汗人民是為了維護其自身信仰與生存而戰。在冷戰的高度對峙氣氛下，蘇聯將阿富汗納入其勢力範圍的動作等於打破了兩大超強之間的微妙平衡，美國本應該有所回應，但是當時美國政府為了怕捲入與蘇聯的直接衝突，並不願意增加對阿富汗反抗軍的援助，使這些「聖戰士」必須單獨面對裝備精良且殘暴的蘇聯軍隊。

為防堵蘇聯壯大，聯合巴基斯坦共同圍堵

電影中所描寫的查理．威爾森並不是一個嚴肅的政客，他的個性不拘小節、大而化之，但卻是非常務實。因為喜歡美女與酒，所以他的辦公室助理全都是金髮美女，就如他自己的名言「打字易學，奶子難尋」，在工作時也不忘來杯酒過癮。為了達到目的，他

幾乎沒有任何原則可言。例如議長派人遊說他加入道德委員會，查理．威爾森為了能當上甘迺迪中心的執行委員，就以此來交換議長的支持。但查理．威爾森要當甘迺迪中心的執行委員的理由只是因為那裡是約會聖地，門票很貴，這個理由連他自己的助理也都大感不恥。

丹．拉瑟的報導引起了查理．威爾森的興趣，他回到華府後第一件事就是瞭解政府秘密行動小組對阿富汗蘇聯反抗軍的撥款有多少，他調來秘密行動小組聯絡人華吉姆報告，一聽說整個經費只有五百萬美元時，他大表不滿，嗤之以鼻說這筆錢連射下一架直升機都不行，他要求華吉姆這筆預算一定要加倍。

美國國會就像台灣立法院一樣，永遠都無法保守住秘密，查理當天晚上就接到德州第六大富婆瓊安．艾琳（Joanne Herring）的電話，瓊安是典型的南方貴婦，篤信基督教又保守，極端厭惡共產黨，她美麗富有，又極具交際手腕，許多名人政要都與她交好，而查理是她的入幕之賓，她對查理支持反抗蘇聯軍隊大為稱讚。她也對美國政府在對阿富汗問題上的不作為，只會杯葛奧運感到失望（因為蘇聯入侵阿富汗，美國與西方國家決定杯葛一九八〇年在莫斯科舉行的夏季奧運會）。她希望查理能去伊斯蘭瑪巴德拜訪她在南亞的好朋友——巴基斯坦總統齊亞哈克。由於瓊安．艾琳是查理選舉的重要支持者，縱然瓊安這項請求多麼奇怪，他還是硬著頭皮答應。在民主國家，贏得選舉，政治人物的政治生命才能延續，而選舉需要大筆資金，金主的重要性往往更勝於一般選民，在美國如此，台灣亦然。

在蘇聯進軍阿富汗後，大批阿富汗難民湧入鄰國巴基斯坦避難，這主要是因為巴國與阿富汗接壤的西北邊省居民主要是普什圖族，與阿富汗南部相同，因此阿富汗難民多逃到巴基斯坦（這也是著名小說「放風箏的孩子」的故事背景）。一九八〇年當時巴基斯坦的統治者是齊亞哈克（**Zia ul Haq**）將軍，他在兩年前剛剛以軍事政變的方式取得政權，並將前總理布托（**Ali Bhutto**）逮捕後審判處死，是一個典型的軍事強人。在蘇聯進軍阿富汗之後，他設法加強美國關係，希望透過美國的力量來遏制蘇聯在南亞地區的軍事擴張。

查理以為他去巴基斯坦只是禮貌性的拜會，卻被這位霸氣的總統與他的軍事幕僚大大搶白一頓，他們抱怨美國人根本不懂亞洲問題，也無視阿富汗人民被蘇聯軍隊凌虐的痛苦，根本不肯真正伸出援手。他要求查理在離開阿富汗之前去西北邊省分的難民營看看。一直在和平富裕環境下生活的美國人一看到難民營生活當然極為震憾，到處都是斷臂殘肢的幼童與受到強暴的婦女，難民控訴蘇聯軍隊的暴行，目睹阿富汗慘狀，激發出查理非管不可的雄心壯志，而美國駐巴基斯坦的外交官對於處理阿富汗問題的態度又十分消極。因此他在飛回美國的飛機上，要求助理落地後馬上安排與中情局開會，並且要求一定要是副局長以上的層級，沒見到人，每一分鐘就刪它一百萬美元的預算。

查理之所以敢對中情局如此頤指氣使是因為他是眾議院國防委員會的一員。依照美國憲法，參眾兩院議員雖然擁有相同的立法權力，但是各有不同的特殊權力，參議員擁有外交與人事任命權，而眾議員主要的權力是增稅與預算，因此在電影中我們可以看到查理不斷以他的影響力來增加政府預算，當然前提是他必須說服其他眾議員。

與中情局合作秘密行動，買武器對抗蘇聯

但是中情局並未如查理所願派副局長來談，僅派出一位中東問題專家，名叫葛斯．艾弗洛科托斯的幹員。一開始查理很不滿，也看不起葛斯這個小小特務，但很快的就對葛斯的專業與直言無諱所吸引，因為葛斯根本無視查理是堂堂大議員，反而一開始就挖苦查理撥款一千萬支持阿富汗聖戰組織對抗蘇聯根本就是小兒科，連一架直升機都打不了！葛斯向查理分析要支持阿富汗對抗蘇聯不能用美製武器，一定要用蘇聯的武器，不然美蘇間的冷戰，就真的會變成熱戰，而買武器的錢恐怕要四千萬才夠！葛斯也很直接地質疑查理的

能耐，他嘲諷就連美國總統要五百萬援助尼加拉瓜游擊隊，都會被國會否決，更何況你查理只是區區一名議員？查理輕鬆的對葛斯表示這個只要國會秘密撥款小組同意就可以，而秘密撥款小組主席鐸朗剛好欠他人情，因為他的州選民只要能擁有槍與低稅賦就好，其他別無所求，因此他支持過很多議員的法案，很多議員欠他人情，他只要叫他們還人情就好了！

這部電影除了交待阿富汗戰爭始末，另一個主要場景是清楚交待美國國會議員在遊說法案與爭取預算支持的運作過程，而在電影中，我們可以看到之後查理將不斷以交換法案支持的方式，來獲取不斷提高的戰爭經費。這種運作過程實在與台灣立法院有些類似，只不過台灣立法委員無法像美國國會議員般可以影響一場戰爭。

長袖善舞的查理果然很順利的獲得美國政府四千萬的撥款，而沙烏地阿拉伯也願意對等提供四千萬。但這不是最困難的地方，因為世界上擁有最多蘇聯武器的國家是以色列與埃及，但當時以、埃才打完戰爭，而以色列又與巴基斯坦、阿富汗、沙烏地阿拉伯相互敵視，要促成這幾個國家合作，實在難如登天。但是查理一旦決定要管到底的事，他就一定要達成，在電影中，有一段查理提到他小時候的故事，他說他小時候有一個鄰居，有如狄更斯筆下的刻薄先生，這個刻薄先生不喜歡隔壁的狗踩他的草坪，有一天查理回家發現他的小狗很痛苦的在地上翻滾呻吟、痛苦萬分，原來是刻薄先生餵他的狗吃摻了玻璃粉的狗糧，查理一怒之下放火燒了刻薄先生的草坪；但是他的報復不僅於此，刻薄先生是鎮上議會的議長，在那年選舉時，當年只有十三歲的查理就開著家裡的拖拉機到黑人區載著鎮上從不投票的黑人去投票，查理只跟這些黑人說「我不想影響你們，但要你們知道一件事，刻薄先生故意毒死我的狗」，那年約有四百張票，但查理載了九十六個黑人去投票，而刻薄先生僅以十六張票之差落選。

查理憑著他那如彈簧般的巧舌與不達目的絕不罷休的精

查理（左）與葛斯幹員（右）密謀協助阿富汗聖戰士，最後竟然成功打垮蘇聯
來源：蓋世奇才電影官網
http://www.universalstudiosentertainment.com/charlie-wilsons-war/

神，終於說服以色列與埃及、巴基斯坦、沙烏地阿拉伯與阿富汗這些中東國家合作，順利地將一批批精良的蘇聯武器送到阿富汗聖戰士手中，但隨著戰事的日趨激烈，軍事費用也不斷的攀升，從四千萬到七千萬，從七千萬到一億，再到五億，再加上沙烏地阿拉伯的配合款，這齣由查理・威爾森主導的對抗蘇聯預算案，最後達到十億美元之譜！

查理和他的中情局朋友們最後發展出支持阿富汗反抗軍對抗蘇聯的計畫稱為「颶風行動」（Operation Cyclone），這是一個大型的秘密行動，主要內容是透過巴基斯坦將各種軍事裝備運送到阿富汗聖戰士手上，使其能獨立對抗蘇聯占領軍。美國中情局也與巴基斯坦政府的情報機構「三軍情報局」（ISI）合作，訓練出多達十萬人阿富汗反抗軍。除了葛斯之外，在電影裡另一位年輕中情局武器專家維克思（Michael Vickers）也真有其人，他後來一直在國防領域任職，二〇一一年被歐巴馬總統任命為美國國防部負責情報事務的副部長。

蘇聯兵敗如山倒，塔利班趁勢崛起

阿富汗對蘇聯的戰事也在聖戰士以新武器「刺針飛彈」打下蘇聯直升機開始逆轉，

蘇聯軍隊節節敗退，終於在一九八八年四月十四日與阿富汗簽下停戰條約，宣告蘇聯以軍事行動干涉外國的時代落幕。曾經是世界超強的蘇聯也因為阿富汗戰爭而元氣大傷，再也無力干涉共產陣營內其他國家內部的事務。一年後的一九八九年十一月，東德人民群起抗議，迫使政府開放象徵冷戰的柏林圍牆，所有東歐共產政權一一崩潰。美國從支持阿富汗聖戰士對抗蘇聯開始，最後竟然導致整個共產世界的垮台，成為冷戰最後的勝利者。從這個角度來看，查理・威爾森功不可沒：要不是他鍥而不捨地在國會爭取預算支援阿富汗反抗軍，協助聖戰士「打敗」蘇聯，或許冷戰還會持續到今天也說不定。

在電影的最後，當大家沉浸在阿富汗勝利的同時，葛斯向查理講了「塞翁失馬」的故事。他提醒查理，眼前勝利不見得是勝利，美國的目光要更長遠，他建議查理應該向政府要錢協助重建阿富汗，幫他們修路、蓋學校、恢復畜牧、重建家園，給他們希望，因為他接到情報，現在有大量的宗教狂熱份子湧入坎大哈（阿富汗第二大都市），他要查理記住，美國這場行動是秘密行動，沒有人知道，美國如果對阿富汗要有長遠的影響，現在不能一走了之，要更努力。葛斯的這番言論不啻為暮鼓晨鐘之言，也是他長久干涉國際事務的經驗之談，因為縱然幫阿富汗趕走蘇聯，但是並未解決內戰的問題，只有協助重建，使阿富汗人民認同美國、仰賴美國，美國才能繼續發揮它在中東的影響力，雖然葛斯的建議，無非還是以美國的利益為最大著眼點，不過很顯然地，他也預知了塔利班政權將變成美國在中東問題上最尾大不掉的惡夢！聰明如查理者當然聽得懂葛斯的話外之意，他接受了葛斯的建議，繼續在國會遊說撥款補助阿富汗的重建工作，但是功敗垂成，其他議員都認為打走蘇聯就夠了，實在沒有理由再陷入阿富汗泥沼中，而在遊說的過程中，查理反而被人嘲諷像是個喀布爾（阿富汗首都）議員。最後電影以查理．威爾森的感慨「世事便是如此，我們光榮的改變世局，但往往留下爛攤子……」做為終結。

塔利班政權與蓋達組織合作，成為對抗美國主力

查理議員本尊與阿富汗聖戰士合影
來源：維基百科共享資源
http://commons.wikimedia.org/wiki/File:Charlie_Wilson_with_Afghan_man.jpg

片中葛斯所提到的「宗教狂熱份子」，就是「神學士」塔利班（Taliban）。這是發源自阿富汗南部普什圖部落的一個宗教團體，狂熱信仰伊斯蘭教。在蘇聯撤出之後，阿富汗立刻陷入內戰，原本並肩對抗外敵的聖戰士們反目成仇，彼此廝殺，讓阿富汗陷入軍閥割據、各自為政的境地。原來蘇聯支持的阿富汗總統納吉布拉（Mohammad Najbullah）在蘇聯軍隊撤出後孤立無援，政令出不了首都喀布爾。一九九二年內戰轉劇之後他連總統職位也不要了，乾脆躲到聯合國駐喀布爾辦事處內避難。塔利班這些原本只在伊斯蘭宗教學校裡就讀的學生，也組成了一支軍隊對外征戰。到了一九九六年這些學生軍們竟然攻入首都喀布爾，建立一個極端遵循伊斯蘭律法的政權，也就是後來外界所稱的塔利班。他們將前總統納吉布拉從聯合國辦事處中抓出來，閹割後將其吊死，十分殘忍。

二〇〇一年，塔利班所庇護的「基地」組織（Al-Qaeda，中文又稱「蓋達」）領袖賓拉登（Bin Laden）發動九一一恐怖攻擊，震驚世界。賓拉登是沙烏地阿拉伯富商之子，一九八〇年代初前往阿富汗與聖戰士並肩作戰對抗蘇聯，當時也應該有接受過美國與巴基斯坦的援助或訓練。美國政府大概做夢都沒想到原本在阿富汗扶植的聖戰士，十多年後會發展成恐怖組織，反過來對抗自己。

這部電影有兩個主軸：一是阿富汗戰爭，二是美國國會議員。這兩個主題看似毫不相干，但卻在這部電影裡產生連結。其實好萊塢電影過去不乏對阿富汗內戰的描述，例如由動作片明星席維斯．史特龍所主演的藍波（Rambo）電影系列第三集就是以阿富汗戰爭為背景，藍波與聖戰士們並肩作戰對抗蘇聯。〇〇七情報員電影系列的第十五集「黎明生機」（The Living Daylights）也有阿富汗戰爭的相關情節。俄羅斯其實也出現過幾部關於阿富汗戰爭的電影，不過外界知道的不多。俄羅斯在這場戰爭中死了一萬四千多個官兵，最後還黯然撤退，因此說阿富汗等於是俄羅斯本身的「越戰」並不為過。二〇〇一年九一一恐怖攻擊之後，美國出兵阿富汗，一舉推翻塔利班政權，建立以卡爾扎伊（Hamid Karzai）為首的新政府，不過因為阿富汗種族情勢複雜，塔利班勢力沒有完全瓦解，導致美國自己也深陷其中而無法自拔，看來強權對阿富汗這個國家還是少碰為妙。本文作者之一在今（二〇一四）年三月曾經以國際觀選員身分造訪阿富汗首都喀布爾，不過當地治安還是不好，塔利班恐怖攻擊還是時有聽聞，最後不得不提前離開。讀者如果對美國出兵阿富汗的議題有興趣，可以觀看二〇〇七年由勞伯瑞福導演的另一部電影「權力風暴」（Lion for Lamb）。

「蓋世奇才」這部片最大的賣點還是冷戰時期美國如何利用各種檯面下的手段來反制蘇聯，一方面避免兩國正面衝突，另一方面能夠有效地削弱蘇聯的國家實力。片中的角色（包括德州富婆瓊安．艾琳）都真有其人，所以劇情頗為貼近真實的情況。當然電影中有部分場景描繪了美國國會議員進行立法與遊說的情況，這些與台灣的立法院與立委工作兩相對照，其實還有些類似。不過台灣在國際事務的影響力，遠遠不若美國國會議員真的可以影響戰事的進行。如果對國會運作有興趣，此片也是一部瞭解國會議員決策思考模式很好的參考影片。

3

以鮮血與暴力成就獨立大業——光榮時刻（*Hors-la-loi*）

只有國家自由了，我才會自由。

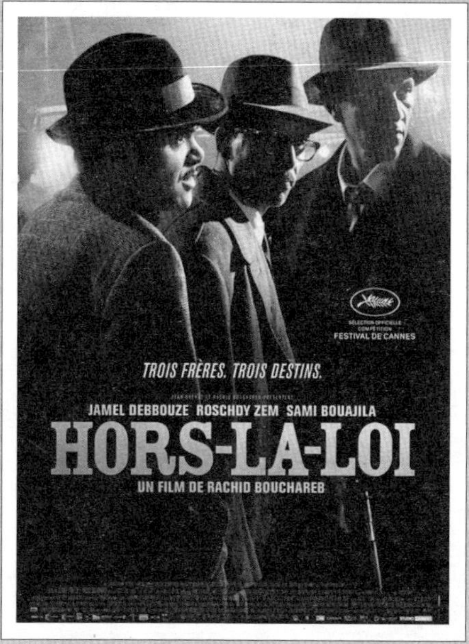

法國、阿爾及利亞、摩洛哥合作，二〇一〇年出品
代表阿爾及利亞入圍二〇一〇年奧斯卡最佳外語片

來源：Impawards 電影海報網
http://www.impawards.com/intl/misc/2010/hors_la_loi.html

如果以聯合國的會員數量為標準，今天世界上的國家數量是一百九十三個，是一九四五年聯合國剛成立時候的四倍，這中間多出的一百多個國家大多是從歐洲國家殖民地獨立而來，這些從歐洲殖民地獨立出來的新國家，因為過去受到殖民之苦的特殊歷史經驗，以及爭取獨立過程的艱辛，使其在參與國際事務時往往會有一些與眾不同的行事方式，例如特別強調歐洲殖民者對自己國家造成的戕害，或是在一些爭取自身權益的議題上表現得非常團結。可見殖民地獨立運動對國際政治體系所造成的影響非常之大。

以反抗殖民者主題的電影其實不少，例如台灣的「賽德克巴萊」或講述愛爾蘭獨立運動的電影「吹動大麥的風」（The Wind that Shakes the Barley）都算是這種類型，一九八二年的奧斯卡最佳影片「甘地」（Gandhi）描述聖雄甘地帶領印度爭取獨立的過程，是瞭解印度如何掙脫英國殖民枷鎖、最終成功建國的佳片。當時甘地使用的抗爭方式是非暴力抗爭與不合作運動，雖然過程緩慢且犧牲很大，但是最後卻證明是能真正撼動大英帝國，迫使其放手讓印度獨立的有效方式。至今甘地的非暴力抗爭仍然是印度精神的象徵，如果有興趣的讀者想知道什麼是「甘地精神」，可以看二〇〇六年出品的一部印度寶來塢電影「傻瓜大哥再出擊」（Lage Raho Munna Bhai），此片用詼諧喜劇的方式介紹甘地的非暴力抗爭方式，既輕鬆又富有教育意義。

世界各地的殖民地獨立運動大概集中在一九四五年至一九六〇年代，這二十餘年間，從東南亞叢林到非洲沙漠，各殖民地人民爭取獨立運動風起雲湧，這些獨立運動多數都是採激烈的武裝革命手段，也因此創造出一些知名的戰役，如一九五四年的越南奠邊府之役，北越擊敗了主要由外籍兵團組成的法國部隊並俘虜包括准將在內的一萬一千餘人，終結了法國在越南七十年的殖民統治，而本篇所要講的是法國的另一個殖民地阿爾及利亞的獨立故事。

二戰結束，阿爾及利亞獨立運動的開始

光榮時刻以阿爾及利亞三兄弟梅薩歐（Messaoud）、阿布（Abdelkader）、賽德（Said）三人面對爭取國家獨立與兄弟情感之間產生的矛盾與糾葛做為發展主軸，兄弟三人三種個性，大哥梅薩歐剛毅果決，對家人的保護勝過一切；二哥阿布是理想主義者，國家獨立至上；小弟賽德則是機會主義者，有錢才有人格；這樣的安排，也涵蓋了大部分人面對國家獨立時的選擇。在此片中，二哥是行動家、先鋒者，大哥是追隨者，而小弟則代表多數人，只求能安居樂業地活下來。

故事的楔子以一九二五年的法國統治下的阿爾及利亞做開場，當時尚年幼的梅薩歐三兄弟目睹父親因為一紙法院命令，被迫交出世代耕作的土地，一家人因此被驅逐，電影以此交待法國殖民政府統治的粗暴與缺乏人心。

時序馬上轉到二十年後的一九四五年五月八日，時值二次大戰結束，法國戰勝德國，舉國歡慶，在此同時阿爾及利亞趁機向法國提出自由解放、獨立自主的要求，他們在阿爾及利亞著名的大學城塞提夫舉行大規模的示威遊行，但卻遭到法國軍隊血腥鎮壓，這就是著名的「塞提夫屠殺」，當時法國政府命令武裝軍隊向遊行示威的民眾開火，從那以後的一個月裡，約有四萬五千人死在法國殖民軍的槍下。而此時三兄弟也都已經長大成人，二哥在遊行示威的當天被逮捕入獄；小弟則是鬥雞走狗之徒，在遊行當時，他正在拳擊場賭得興高采烈，因而逃過一劫；而大哥那時則在軍中服役。

一場遊行示威變成殺戮戰場，梅薩歐一家老父親與妹妹不幸被殺，二哥阿布入獄，小弟賽德決定帶老媽媽離開這個傷心地，他們來到巴黎的阿爾及利亞貧民窟開始新生活，同時等待大哥與二哥的歸來。小弟賽德為了生存，當起了皮條客，這種不體面的勾當讓老媽媽非常傷心，但欣慰的是大哥終於退伍，二哥也刑滿歸來，一家終於在巴黎團圓。

法國與英國是當時世界上最大的兩個殖民帝國，不過兩國統治的方式不太一樣：英國統治者特別講究法律與制度的建立，因此會刻意培養殖民地的法律與行政人才，希望用律法與行政機構的威嚴來有效統治殖民地人民。而法國人比較偏好用同化的方式來殖民，會特別將其語言、歷史、文化融入當地，讓殖民地人民接受法國的思想、進而認同法國。法國人利用殖民體制創造出一種超越族群與地域觀念的法國認同，而且還頗為成功。因此當時從越南到塞內加爾，所有殖民地學童都在朗誦「我們祖先是高盧人」（**Nos ancêtres les Gaulois**）這樣的課文——即使這樣的認同只是表面而已。

這樣的差別並不代表英國的殖民者比較仁慈，因為律法制度由其創造，統治機構由其擁有，殖民地人民還是只能服從。不過也因為如此，英國制度培養出來的獨立運動領袖如印度聖雄甘地才必須採取「不合作運動」的方式來對抗英國人，甘地很清楚用暴力方式對付英國，英國就會用司法制度來處理，將獨立運動定位在違反法律的層次，因此甘地必須挑戰英國創造制度的合法性，他的策略完全擊中大英帝國的要害。在印度獨立之後，英國人很乾脆的放手讓其他殖民地獨立，因此後來英國和這些前殖民地國家之間還能維持不錯的友誼，「大英國協」就是這種產物，眾會員國把英國女王奉為元首，偶爾還舉辦高峰會或打打板球之類的活動相互聯誼。

法國殖民地的情形就不同了：因為法國人成功創造出超越民族與地域的法蘭西認同，因此法國人在看待殖民地的時候，往往將其視為整個國家不可分割的一部分，是法國國內行政區的延伸。但因為法國人也將本身過往的共和傳統與革命經驗透過教育「傳授」給殖民地人民，使得殖民地菁英往往認為以武力爭取獨立是理所當然的事。許多第三世界的革命領袖年輕時都曾經留學法國——如越南的胡志明、中國的鄧小平、周恩來、柬埔寨「紅色高棉」（赤柬）的波帕（Pol Pal）、喬森潘（Khieu Samphan）、英薩里（Ieng Sary）等——應該不會只是巧合而已。在殖民地人民想獨立，法國卻不願意輕易鬆手的情況下，武裝革命就成為唯一的方式。法國的許多殖民地幾乎都是靠戰爭才獨立成功的，上述的一九五四年奠邊府之役後，法國正式退出中南半島，越南被分為南北兩個國家，把爛攤子留給美國去收拾。

即使有痛失越南的前車之鑑，要法國人放棄阿爾及利亞還是很困難。主要的原因是法國在北非待的時間更久——從一八三〇年開始，法國殖民此地已經有一百餘年。法國人從不把阿爾及利亞視為殖民地，而是當成三個法國國內的省分來治理（不過只有歐洲裔居民享有完整的公民權）；加上阿爾及利亞與法國相距不遠，一直以來都有大量歐洲移民定居於此，這些歐裔居民雖然與原生地已經沒有太多聯繫，但往往更需要母國的保護才能維持其經濟利益，這些人在二次大戰之後，在法國脆弱的政治環境中具有舉足輕重的影響力，迫使政治人物不輕言讓阿爾及利亞獨立。

國族、家族與個人榮辱，三兄弟不同的選擇

經過牢獄磨難的二哥阿布變成一個極端的民族主義者，他在獄中被國族解放陣線吸收，被賦予招募黨員的任務；大哥梅薩歐在參與越南奠邊府戰役後，體認到獨立要成功，不是靠武器，是要有堅定的意志，就像越南一樣。在電影中有段三兄弟的對話，充分展現三人的性格與價值觀，也緊扣著最後三人命運選擇的取向：

大哥梅薩歐：當混混是沒人尊敬你的。
小弟賽德：在這裡你要是沒錢就沒人格，至少我是自由的。
二哥阿布：只有國家自由了，我才會自由，我們必須爭取自由。
小弟賽德：你怎麼改變這些工人？
二哥阿布：今天我們只有三人，很快整個貧民區都會跟隨我們。
大哥梅薩歐：看看越南人怎麼打贏的，我們的武器再精良，他們還是贏了。
二哥阿布：革命已經開始了，什麼都阻止不了。

小弟賽德：我懂得賺錢，這些難不倒我；（對著梅薩歐）你待過越南，打過越戰也懂武器；阿布坐過牢，變得更堅強，我們三個聯手，誰都不怕，我們不能一直窮下去……梅薩歐，你要跟我一起做嗎？

大哥梅薩歐：（搖頭）

小弟賽德（無奈）：那祝你們好運。（轉身離去）

大哥梅薩歐：我要退伍，（對著阿布）我跟著你。

小弟賽德還是繼續做著皮條客，同時也投入拳擊場的經營，靠著靈活的交際手腕，事業越做越成功；而大哥梅薩歐與二哥阿布則進入法國雷諾汽車工廠當工人，一有機會就向阿爾及利亞工人鼓吹獨立，吸收黨員。因為阿布深信非以武力不能革命，所以他的組織紀律嚴明，不容背叛，幾乎已到了六親不認的地步，而上過戰場受過訓練的大哥成為阿布忠心耿耿的劊子手，凡是背叛組織者，一律殺無赦。

阿布在巴黎吸收黨員的工作越來越順利，同時也透過金援小弟賽德，扶植小弟的事業來籌集更多的資金，對阿布而言，他的目的只是要賺更多的錢來資助黨的獨立運動，但是小弟賽德卻是個不折不扣的商人，所以兩人常為了分紅的成數時有爭執。小弟賽德這時已是個成功的商人，早已脫離皮條客，在巴黎經營娛樂事業，但他還是不能忘情他最鍾愛的拳擊，他成立自己的拳擊訓練館，訓練阿爾及利亞的拳擊手。有一次他滿懷驕傲的向大哥梅薩歐展示他的拳擊館，信心滿滿地說有一天他會訓練出阿爾及利亞籍的法國拳王，但他還是不忘遊說大哥梅薩歐，希望他忘掉獨立戰爭，加入他的事業。

電影中二哥阿布所參加的國族解放陣線是一個爭取阿爾及利亞獨立的組織，這個組織的成員主要是年輕一輩的阿拉伯民族主義者，他們不認同老一輩阿爾及利亞領袖的親法、溫和策略，也不屑法國政府所提出給予的漸進「自治」方案，他們主張完全獨立建國，最後終於在一九五四年爆發與法國政府的戰爭。這部電影所描寫場景主要是巴黎，因此我們看到的是旅居在法國的阿爾及利亞人以各種方式幫助國

阿布（左）、賽德（中）、梅薩歐（右）三兄弟個性殊異，因此在面對國家獨立與個人利益的矛盾時展現出完全不同的態度
來源：IMDB 電影網站
http://www.imdb.com/title/tt1229381/?ref_=fn_al_tt_1

族解放陣線，包括捐錢，然後由國族解放陣線的人秘密把錢送回國援助戰爭；此外他們也在法國境內進行一些恐怖活動，暗殺法國軍警人員等。當然這場戰爭的真正戰場還是在阿爾及利亞：從一九五四年到一九六二年這八年期間，據估計有一百萬人以上死亡，非常慘烈。法國政府無力應付這場危機，第四共和憲法的缺點暴露無遺，「法國英雄」戴高樂臨危受命，出面組閣並修改憲法，最後建立總統權力比以往更大的第五共和制度。

在這部電影中，最令人動容的是大哥梅薩歐這個角色，就有如韓國電影「太極旗」裡的大哥一樣，為了家人與兄弟，可以放棄個人的慾望甚至是民族的榮辱。對大哥梅薩歐而言家人才是他的一切。自越戰退伍後，他順著母親的願望娶了母親喜愛的女孩做媳婦；之後跟著二弟革命，縱然已發誓不再殺人，但為了執行阿布的命令，也不得不背棄自己的誓言，成了殺人不眨眼的殺手；雖然不認同小弟聲色犬馬事業，但是看到小弟這麼熱衷於拳擊事業，他也暗中鼓勵，他是小弟與二弟、母親間的溝通橋樑，電影中有幾個鏡頭，雖然只有短短幾秒，都表達出大哥對家人的深情款款。在電影中的大哥梅薩歐跟隨著二弟阿布，沒有個人需求或者是埋怨，只有一段獨白，才透露出他個人的掙扎與困境，在經過數年飄泊的革命生涯後，他喃喃自語道：「我沒再回過家，沒再見到我太太，沒了生活，我迷失了，當你沒有感情牽絆，也沒有靈魂……」接著他轉過頭對著正伏案書寫的二弟阿布說：「今晚是賽德的拳擊賽，我們要去。」當阿布正要開口拒絕，梅薩歐第一次對阿布擺出大哥的威嚴：「給我去！」

賽德的拳擊事業蒸蒸日上，不斷贏得比賽，即將去打法國冠軍賽，但阿布很不以為然，他認為阿爾及利亞人不能代表法國出賽，要比賽也是代表阿爾及利亞，賽德不滿地回擊：「不要把運動扯進來……，我是用自己的方式在革命，要是他贏，也就是阿爾及利亞贏！」阿布痛罵賽德：「要放棄個人喜好，我們要將自己奉獻給黨，它的理想遠高於個人目標……你這是背叛！」阿布命令賽德不准出賽，賽德揚言就是殺了他，他也會出賽。阿布怒氣沖沖對梅薩歐說，革命的路上會碾過很多人，賽德違背命令，就是兄弟也都要死！但梅薩歐警告阿布，不論你或任何人都不准殺死我弟弟，不然就先殺了我！梅薩歐痛心阿布已經不是原來的阿布了。

國族解放陣線進行恐怖攻擊，法國政府以暴制暴

隨著國族解放陣線的壯大，他們開始對法國發動大大小小的恐怖行動，阿布的活動也不再是吸收黨員或是募款而已，他們甚至暗殺警察局長，法國政府也驚覺以警察的力量已不能處理這些恐怖攻擊行動，因此決定成立一個新的團體「赤手」，假冒犯罪組織，由司

法部與警政署給予豁免權，對解放陣線份子發動報復行動，以暴制暴，這個組織開始籌劃暗殺革命份子，在阿爾及利亞貧民窟放火、在暗夜裡狙殺解放陣線的黨員；當然解放陣線不甘示弱，雙方展開一連串報復性的恐怖攻擊。

在這個電影裡，國安局費上校（Colonel Faivre）這個角色很有意思，他負責追捕三兄弟，而且始終盡忠職守，但心裡很清楚法國在這場戰爭裡正當性不足。有一幕他被大哥梅薩歐「請」去和二哥阿布見面。阿布一見面就點出法國人最矛盾的地方：二次世界大戰期間，法國人前仆後繼參與反抗軍抵抗納粹德國占領，但今天角色易位，換成法國人自己用暴力鎮壓阿爾及利亞人。阿布甚至引用當年法國反抗軍領袖戴高樂（後來的法國總統）所說的話——如果法國人有權利殺死壓迫者德國人，那為什麼阿爾及利亞人不能為了獨立而殺法國人？費上校的回答是法國和阿爾及利亞兩者有共同的過去；法國需要一點時間，但最後一定會讓阿爾及利亞人如願獨立。這樣的回答很能反映當時法國人的心態，一方面很難接受有人不再認同法蘭西的事實，特別是這些人來自法國人最珍視的阿爾及利亞，另一方面又不願意放手。電影中有一小段電視新聞畫面，說阿爾及利亞發現石油，法國正在努力開發這種可貴的能源，為法國與阿爾及利亞的現代化而努力。這擺明了法國就是貪圖阿爾及利亞的石油資源而不願讓其獨立出去。

一天，正在準備法國拳擊大賽的賽德接到電話警告，原來梅薩歐與阿布策劃的一場恐怖攻擊行動事跡敗露，法國國安單位正發動大批人馬去圍剿，賽德不假思索，驅車飛奔去警告梅薩歐與阿布，但當他趕到時，雙方已是槍林彈雨，梅薩歐不幸中彈，賽德在千鈞一髮之際救了梅薩歐與阿布，但是傷重的梅薩歐仍是不幸身亡，讓阿布痛苦的仰天長嘯，痛哭不已。

八個月後，阿布參加在日內瓦舉行的黨內高層會議，阿布試圖遊說應向法國警察全面宣戰，但是黨內高層卻要求他在巴黎組織一場和平示威遊行，希望透過示威方式來贏取獨立，但阿布表示不可行，因為警察一直想報復，示威遊行會變成大屠殺，造成很多人死亡。但是黨內高層表示如果警方血腥鎮壓，反而對獨立運動更有利，因為這樣才能博得國際社會同情，法國政府的鎮壓反而有助完成目標。阿布同時也接到黨的指示，要求他不能接近他的弟弟賽德，因為黨準備在法國公開賽當天處置賽德，理由是他們不能容忍賽德跟他的拳擊手代表法國出賽，這是叛國行為。

曾經說過誰阻擋了國家獨立，就是兄弟也要死的阿布，經歷失去大哥梅薩歐的痛苦後，已不想再失去另一個兄弟，不顧黨的指示，他在拳擊賽當天還是趕到現場告訴賽德解放陣線的人準備決定暗殺賽德與他的選手，他要求賽德放棄比賽，賽德在萬般不願意下，開槍射傷了自己的選手，放棄出賽。

不過法國國安局已經算好解放陣線的人會布局干擾拳擊賽，早就埋伏大批人手準備逮捕阿布與解放陣線的成員，就在阿布與賽德準備離開拳擊場時，被國安局人員識破，拳擊場頓時槍聲大作，現場陷入混亂，阿布與賽德趁亂逃進地鐵，法國警方同時也展開大規模的武裝搜捕行動，凡是阿爾及利亞人都被揪出電車以武力鎮壓，在電車上的阿爾及利亞人再也按捺不住怒火，大喊：「阿爾及利亞獨立、阿爾及利亞人出來！」法國警察登上電車逮人，阿布與賽德被拖下電車，在警察棍棒齊飛之下，阿布領導著同胞高喊：「阿爾及利亞獨立！阿爾及利亞獨立！」突然一聲槍響，阿布雪白的襯衫頓時染紅，身體緩緩倒下，賽德眼睜睜看著阿布倒下，聲嘶力竭狂喊「不！哥，別死！不！別死。」最後片尾字幕打出：在阿布死的隔年，一九六二年，阿爾及利亞終於獨立。

阿爾及利亞成燙手山芋，法國終於放手

法國政府為什麼後來改變立場，放手讓阿爾及利亞獨立，電影裡沒有多做交代。這個危機的主要轉折是戴高樂：這位在一九五八年挾超高人氣上台的總統，執政後卻一改之前

反對阿爾及利亞獨立的立場，開始著手以公民投票的方式決定阿爾及利亞的去留。這個舉動讓許多歐裔阿爾及利亞人感覺遭到背叛，轉而對法國政府發動攻擊，情勢越發混亂，反而讓多數法國人民改變立場，認為應該早日甩掉這個燙手山芋。一九六二年三月，法國政府與國族解放陣線簽訂「埃維昂協定」（**Evian Accord**），隨後舉行公民投票。最後公投結果，有高達90％的選民同意讓阿爾及利亞獨立（投票率75％），法國順理成章讓阿爾及利亞獨立。戰爭結束後，許多阿爾及利亞人被迫逃亡至法國，其中歐裔居民被稱為黑腳法國人（**pied-noir**），而內戰中效忠法國的穆斯林稱為哈基人（**Harki**），據估計這兩個族群流亡到法國的人數多達一百萬人，法國政府花了很長時間才解決這些人的安置問題。

阿爾及利亞獨立之後，政局也不是非常穩定。一九九一年該國舉行國會大選，立場保守的宗教政黨「伊斯蘭解放陣線」獲得多數選民支持，極有可能勝選而上台執政，此時軍方擔心伊斯蘭政黨上台後會終結民主，立刻宣布取消選舉，伊斯蘭武裝團體開始出現，並對政府軍發動攻擊，演變成政府軍與伊斯蘭解放陣線之間的一場內戰。二〇一〇年有另一部法國電影「人神之間」（**Des hommes et des dieux**）就是以這場戰爭為背景，講述在阿爾及利亞境內一個法國修道院的修士們被伊斯蘭武裝組織綁架殺害的經過。

法國解決阿爾及利亞問題的方式看起來似乎不太高明，但是和其他歐洲殖民國比起來還不是最糟糕的。比利時在一九六〇年決定讓其殖民地剛果獨立，但幾乎是以不負責任的方式離開——只留下三十個剛果大學畢業生來管理原來擁有四千個高級行政職位的殖民地政府，結果造成剛果後來內戰頻仍。葡萄牙重蹈法國覆轍，不願意放棄在非洲的殖民地（包括莫三比克、安哥拉，以及幾內亞比索），最後與主張獨立的叛軍展開長年戰爭。到一九七〇年代初期，葡萄牙在非洲的戰事耗掉該國一年國防預算的一半，該國年輕男子有四分之一被徵召到非洲服役，而且至少待四年，這一連串的政策最後導致葡萄牙在一九七四年發生軍事政變，新政府上台後立刻宣布放棄非洲殖民地。但莫三比克及安哥拉隨之陷入內戰，前者打到一九九二年，後者則到二〇〇二年才正式結束。可見殖民制度的危害並沒有因為殖民者的離開而完全結束，歐洲帝國主義對於殖民地的傷害一直殘留到今天。

光榮時刻的導演是法國籍的布夏瑞伯（Rachid Bouchareb），他的父母都來自阿爾及利亞，因此由他來詮釋這個故事最適合也不過。這部片可以說是繼他二〇〇六年以阿爾及利亞人參與二次世界大戰為主題的電影「光榮歲月」（Days of Glory）之後的續集，因為片中的三兄弟也正是光榮歲月的三位主角（**Sami Bouajila**、**Roschdy Zem**、**Jamel Debbouze**），他們三位都是北非裔的著名法國演員，**Bouajila**與**Debbouze**（大哥與小弟）來自摩洛哥，**Zem**（二哥）來自突尼西亞。值得一提的是，光榮時刻雖然是法國片，但是導演應是很喜歡「教父」這部電影，像是大哥處決背叛者的場景與手法與教父如出一轍，都是在酒吧以繩子從背後將人勒死；或是將手槍預先藏在行凶現場，再伺機取出以行刑式手法將人槍決，電影中這些暴力場面的處理，很有美國教父等黑幫電影的氣氛；如果這還不足以證明這是部向教父致敬的電影，劇中有一段法國國安局在汽車中裝置炸彈，意圖暗殺阿布，卻造成阿布女友引爆被誤殺，這完全是複製教父男主角麥克的新婚老婆在汽車中被炸死的橋段。看到這幾幕，讓深愛教父這部電影的筆者，看完後還特別翻出教父重看回味一番。

4

後冷戰時期的種族與宗教衝突——三不管地帶（*No Man's Land*）

面對殘殺時沒有中立可言，袖手旁觀就是一種選擇，就是不中立！

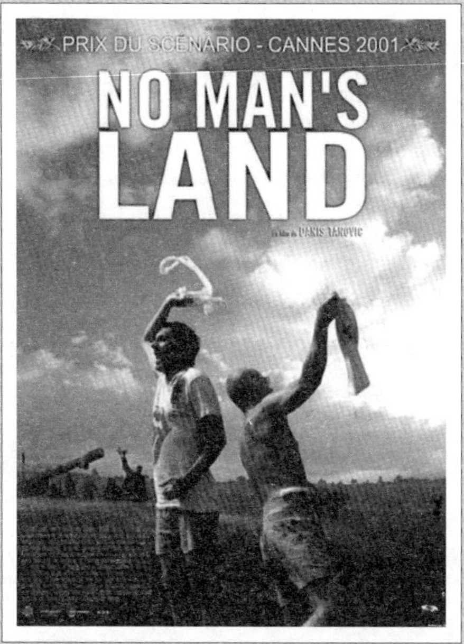

波士尼亞電影，
第七十四屆奧斯卡金像獎最佳外語片
二〇〇一年出品

來源：Movie Posters Database 電影海報資料網
http://www.movieposterdb.com/movie/0283509/No-Mans-Land.html

戰爭電影的拍攝，主要是為了警惕世人，多寓有反戰之意，尤其是一戰與二戰，因為規模浩大、戰事慘烈，題材豐富，一直是電影工業所喜歡改編的主題，許多蕩氣迴腸、令人反思的好電影不斷產出，例如一九三〇年出品，改編自雷馬克同名小說的「西線無戰事」，該片對第一次世界大戰時廣為使用的壕溝戰的淒慘景況有很寫實的描寫，讓人明瞭到士兵上戰場遇到的不是可歌可泣的英雄式犧牲，而是絕望、死亡與恐懼，因為該片具有強烈的反戰色彩，還被當時的德國納粹政府禁映。

另外在一九九八年上映的「搶救雷恩大兵」，戰爭影像的處理更是直接強烈，電影一開始就刻意用了長達二十五分鐘的時間，用紀錄片式的拍攝手法描述二戰中最關鍵的一役——奧馬哈海灘搶灘場面，筆者記得當年坐在電影院中，對這段砲聲隆隆、屍橫遍野的場景看得心驚膽跳、坐立不安，就連後來在電視上看到重播，也都刻意跳掉前面那段搶灘場面，不過這樣血淋淋地重現戰爭，無非就是強調戰爭的血腥。

不過反戰電影也不全是這樣直接訴諸槍炮與彈藥，還有其他迂迴的方式，例如一九九二年日本卡通「紅豬」、一九九七年義大利電影「美麗人生」（**La vita è bella**）或是哀傷浪漫的「英倫情人」（**English Patient**），都是用不同的手法，來控訴戰爭所帶來的不幸。不過一戰、二戰到底是發生在半世紀之前，縱然電影的描寫再怎麼寫實，對於身在台灣的我們，都是遙遠的歷史事件。很難想像到了現在，縱然大家都知道戰爭的殘酷，地球上的各個角落還是不斷有戰爭發生。「三不管地帶」就是描述一九九〇年代，發生在南斯拉夫內戰中的波士尼亞與塞爾維亞兩個族群的戰爭，這個國家與族群，對多數台灣人而言，大概只有在教科書裡讀過，但也只是紙上談兵，瞭解有限，尤其對五、六年級生來說，因為當時讀的課本還是冷戰時期的蘇聯鐵幕，蘇聯崩解後，許多加盟共和國紛紛要求獨立，風行草偃的結果，東歐各共產政權也面臨內部族群自決的紛亂，後來又增加許多新興國家，因此畢業後，如未再繼續關心國際時事，多數人對崩解後的蘇聯與東歐諸國後來的發展大多是一知半解或是一片空白。

因此觀看「三不管地帶」如果沒有對這些國家或族群背景有稍微的瞭解，一開始實在難以理解雙方的關係，不過因為劇本寫得好，如撇開複雜惱人的歷史因素，這部帶著黑色風格的戰爭電影，沒有浩大的戰爭場面，多數場面只有困在壕溝裡的三個敵對陣營的士兵對峙時的對話，就將戰爭的荒謬與殘酷性發揮地淋漓盡致；同時又痛批了現代媒體的嗜血、與偽善無能的聯合國，取材簡單，卻能微言大義，難怪該片能贏得二〇〇一年奧斯卡金像獎最佳外語片。

這部電影的主題是一九九二年至一九九五年之間的波士尼亞戰爭（Bosnian War），是發生在前南斯拉夫境內波士尼亞省的一場內戰。二十世紀末於歐洲領土上發生戰爭是很難想像的事，因為歐洲已經被認為是全球經濟與社會發展程度最高的地區，歷經了兩次慘烈的世界大戰，歐洲人應該早就學到不能以戰爭手段來解決問題。但是波士尼亞戰爭卻異常殘忍：據估計至少有十萬人在戰爭中死亡，包括六萬軍人與近四萬的平民（早先的估計有三十萬人死亡）。參戰的各方甚至執行所謂的「種族清洗」（ethnic cleansing），也就是將占領區內的平民百姓（特別是十二歲以上的男性）有計畫地全數屠殺，何況這些屠殺發生的地點就在維也納南方幾十公里的地方。歐洲各國媒體非常關注這場發生在自家後院的戰爭，幾乎是以實況轉播的方式來報導衝突的過程，但國際社會處理戰爭的方式卻非常保守又沒有效率，許多平民甚至是在聯合國士兵面前遭到屠殺，使得這場戰爭不僅是一場因種族仇恨所導致的悲劇，更是國際社會面對重大危機卻無能處理的證據。

而片名所謂的三不管地帶（No Man's Land）是指那些尚未被人所占領的土地，或是多個國家同時主張在政治上的所有權，因為爭議過大或是無法確定所有權而暫時留待日後裁決的爭議地帶。想當然爾，三不管地帶這部電影就是講述在這個尷尬空間裡發生的事。

波士尼亞士兵中伏，陷入三不管地帶

在一個大霧籠罩的深夜，波士尼亞的尼奇（Ciki）與他的隊友組成的增援部隊深夜出任務，在伸手不見五指的夜霧裡，他們完全迷失了方向，他們一邊抱怨嚮導太爛，一邊苦中作樂，互相取笑。由於霧氣太重，無法再前進，他們決定原地休息，但是這支波士尼亞部隊不知道，他們已在不知不覺中踏入了塞爾維亞的邊防。次日破曉，這群不幸的波士尼亞士兵在敵暗我明的情況下，簡直就成了塞軍的肉靶子，他們被塞軍的機關槍毫不留情地掃射，幾乎全被殲滅，尼奇在一陣槍林彈雨中，跌入兩軍對壘中間的壕溝內。不知昏迷了多久，尼奇醒來後，發現他的同袍慈拉（Cera）躺在壕溝上，不知是死是活，但他不知外面情形如何，也不敢跳出壕溝，只能躲進壕溝裡的防禦工事內。

而在塞爾維亞這邊，經過一輪的掃射後，為了確認這支波士尼亞增援部隊是否全數被殲滅，部隊指揮官派出老鳥士兵搭配菜鳥尼諾（Nino）前往壕溝探尋是否還有生還的人口。兩人雖然心不甘情不願，但還是前往壕溝進行偵察。

波士尼亞戰爭其實是前南斯拉夫在一九九〇年代爆發的三場戰爭中的一場。一九八九年柏林圍牆倒塌，東歐各個共產政權紛紛改朝換代，也包括南斯拉夫這個由狄托元帥

（Josip Broz Tito）所建立的國家。不過南斯拉夫與其他共黨國家最大的不同是：這是一個由多民族與不同宗教信仰所組成的國度，這其中包括信奉東正教的塞爾維亞人、蒙特內哥羅人、馬其頓人，信奉天主教的斯洛維尼亞人與克羅埃西亞人、信奉伊斯蘭教的阿爾巴尼亞裔科索沃人與波士尼亞人，不過在波士尼亞、科索沃、馬其頓等地，各種宗教族群混居的情形非常普遍。在歷史上，克羅埃西亞與斯洛維尼亞曾經是奧匈帝國的一部分；塞爾維亞、馬其頓、蒙特內哥羅、科索沃等地則被奧圖曼土耳其帝國統治了四百年；波士尼亞則被兩個帝國統治過。第一次世界大戰後，南斯拉夫獲得獨立地位，並在第二次世界大戰後成為共產國家。這個國家的統一形式之所以能維持到一九九〇年，是因為狄托創造了一個特別的聯邦制度：整個國家由六個互不隸屬的共和國（塞爾維亞、克羅埃西亞、斯洛維尼亞、馬其頓、蒙特內哥羅與波士尼亞）與兩個自治省（科索沃、伏依伏丁那）所組成，彼此輪流執政、資源共享。雖然這些共和國與地區之間歷史經驗與經濟發展的差異性很大，但在狄托統治時期，官方刻意壓抑民族身分，提倡新的南斯拉夫認同，表面上還算成功。但是這種和平是建立在各族群保持政治平衡的基礎之上，只要平衡一被打破，就會立刻陷入內亂。

一九九〇年的南斯拉夫就是這種情況：共黨領袖米洛塞維奇（Slobodan Milosevic）在一九八九年五月當選塞爾維亞總統後，隨即開始「改造」南斯拉夫的政治體制。他先是修改憲法，將科索沃、伏依伏丁那兩個自治省直接併入塞爾維亞，接下來又決定將聯邦預算的一半直接撥給塞爾維亞使用。其他共和國怒不可遏，決定退出聯邦宣布獨立，這當中也包括波士尼亞。而米洛塞維奇不僅沒有試圖化解衝突，反而高舉民族主義大旗，指稱居住在波士尼亞境內的塞爾維亞裔遭到迫害，並煽動這些塞爾維亞人以武力保衛家園，內戰因而爆發。

戰爭的開始是居住在波士尼亞境內的塞爾維亞人宣布自行建立「塞族共和國」（Republika Srpska），向已經宣布獨立的波士尼亞「宣戰」，而米洛塞維奇則派遣南斯拉夫軍隊進入這個地區協助塞爾維亞同胞對抗波士尼亞政府。波士尼亞共和國主要由信奉伊斯蘭教的波士尼亞人及信天主教的克羅埃西亞人組成，因此戰爭初期是這兩個族裔（包括新獨立的克羅埃西亞共和國）聯合對抗塞爾維亞（與背後的南斯拉夫政府），不過到了一九九三年初，穆斯林與克羅埃西亞之間也爆發戰爭，南斯拉夫內戰演變至此變成塞爾維亞、波士尼亞、克羅埃西亞之間的三方混戰。

在這部電影中，可以看出交戰雙方裝備上的差別。塞爾維亞裔因為有來自母國南斯拉夫的武裝支援，擁有大炮坦克等各類武器裝備，士兵的配備也比較好。而波士尼亞軍隊倉促成軍，訓練明顯不足，無怪乎會在霧中迷路中伏。

不管是誰發動戰爭，大家都一樣倒楣！

塞爾維亞老鳥士兵比較有經驗，他根本不願意花太多時間去做危險的搜索工作，他指揮尼諾搬了波士尼亞士兵慈拉的屍體，利用慈拉的屍體，在下面埋了顆彈跳地雷，因為如果還有殘存的波士尼亞士兵，看到慈拉的屍體，一定會埋葬他，一旦移動了慈拉，這個彈跳地雷將會把方圓五十公尺內的波士尼亞士兵全部炸死。

在兩人埋好地雷後，尼諾發現躲在工事內的尼奇，在慌亂中，尼奇射殺了老鳥士兵，尼諾腹部也中了彈，尼諾以為尼奇會殺死他，但尼奇一時心軟，放過尼諾。不過倆人也開始了一連串的爭吵，兩人爭執到底是誰挑起這場戰爭，誰破壞了這片美麗家園，就像小孩子吵架，雙方不斷將戰爭責任推給彼此，最後尼奇舉起槍，對尼諾斥喝說：「到底是誰挑起戰爭？」尼諾無可奈何，只能回說：「對，是我們。」

這時原以為已經死亡的慈拉竟然開始呻吟，慈拉原來沒死，但是地雷埋在他的身下，不能移動，就在尼奇照顧慈拉時，尼諾奪走尼奇的槍，一下子主客易位，變成尼諾拿槍指著尼奇，問尼奇戰爭是誰發動的，尼奇沒辦法，只能回答說：「是我們！」躺在地雷上的慈拉看著兩人幼稚的行為，幽幽的說：「管誰發動！現在大家都一樣倒楣！」一句話，道盡了戰爭的無奈！

其實波士尼亞戰爭發展到這個階段，說是誰發動的已經沒有太大意義。戰爭一開始的確是塞爾維亞正規軍與波士尼亞人之間的交手，但之後的許多戰事都是非正規軍在打，這些民兵的行徑與暴徒無異，往往占領了敵方的村落後就開始屠殺平民，也難怪波士尼亞裔的尼奇對塞爾維亞人的怨恨會如此之深。

兩個敵對陣營的士兵，加上一個壓住地雷不能移動的傷兵陷在三不管地帶內，這種尷尬的處境，不知該如何解決！？為避免被敵對陣營射殺，尼奇與尼諾決定脫下軍服，穿著內褲，爬出戰壕，他們光著身體，向雙方軍隊大舉白旗，但這下子卻讓雙方陣營感到困擾，因為他們不知道這兩人到底誰是誰？是平民還是軍人？這種情況讓他們不知如何處理。在劇中還安排了一段深具嘲諷意味的場景，在波士尼亞部隊監看壕溝狀況時，一名士兵看著

塞爾維亞人尼諾（左）和波士尼亞人尼奇（右）原本互不相識，卻因戰爭而成為死敵
來源：IMDB 電影資料庫網站
http://www.imdb.com/title/tt0283509/?ref_=ttmd_md_nm

報紙，大嘆：「可惡！盧安達真是一團糟！」這指的應是一九九四年盧安達大屠殺事件，當時胡圖族對圖西族進行種族滅絕大屠殺，在當年的四月六日至七月中旬約一百天裡，大概有五十萬到一百萬人被殺，又好笑又悲哀的是，當這名士兵哀悼遠在地球另一邊的盧安達時，自己國家也正進行同樣的種族屠殺內戰。

「袖手旁觀」的聯合國維和部隊

波、塞兩方部隊不知如何處理，不約而同地將問題推給駐地的聯合國部隊。聯合國維和部隊亞歷二號馬上向上級報告。但聯合國維和部隊根本是隻紙老虎，沒有經驗也不敢下決定，經過層層報告，他們請示了駐地最高長官索夫上校，電影顯然對聯合國的領導階層不具好感，在聯合國駐克羅埃西亞總部的索夫上校接到請示電話如何處理這個三不管地帶的問題時，第一個反應竟是不滿回道：「你怎麼直接找我呢？你的長官呢？」而電話另一頭的回應更令人莞爾：「我的長官都去日內瓦討論媒體公關了。」但是昏庸的索夫上校馬上把問題推得一乾二淨，他說：「除非聯合國開大會決議，否則我無能為力！」這段短短的對話，把聯合國的官僚與無能嘲諷得淋漓盡致。

雖然上級不願下令處理三不管地帶問題，但是聯合國維和部隊裡的「亞歷二號」法國中士瑪錢（Marchand）卻看不下去，他對同僚大發牢騷，說他們來波士尼亞就是為了阻止雙方互相殘殺，而聯合國卻一直袖手旁觀，遲遲沒有行動。於是他們決定私自行動，前往戰壕勘查。

在這裡就必須稍微說明一下聯合國的角色。波士尼亞戰爭爆發後，國際社會對媒體所播出各種殘忍場面大為驚駭，但是對於如何介入卻莫衷一是。歐洲國家裡，德國、奧地利等國因歷史淵源因此比較支持各共和國獨立，但法國卻比較希望維持整個南斯拉夫聯邦體制，不過他們之間的共同點就是不願出兵協助。俄羅斯也是基於歷史文化等原因堅決支持塞爾維亞，美國同樣也不願意淌這趟渾水，因此最後只有靠聯合國出面。聯合國介入國際衝突的方式主要是對參戰方實施經濟制裁或禁運，或派遣一支輕武裝部隊前往維持和平，也就是把衝突的雙方隔開，讓戰事不致惡化，因此稱為「維和行動」（peacekeeping operation）。在南斯拉夫內戰裡，聯合國的主要成就是派遣一支三萬餘人的保護部隊（UN Protection Force，簡稱UNPROFOR）前往該地區維持和平。不過因為聯合國部隊在這場戰爭中想維持公正的形象，不願被視為偏袒任何一方，因此表現得非常消極，這也就是何以聯合國維和部隊總部一直禁止「亞歷二號」前往現場查看的原因。

在戰壕內的尼奇、尼諾兩個人在枯等救援的同時，也聊了起來，一問之下發現尼奇的前女友珊雅竟是尼諾的同學，聊到兩人共同認識的朋友，彼此的關係好像拉近一些；這兩個在戰場上兵戎相見的人，在這場種族戰爭開打之前，其實就是在日常生活中都會遇到、認識的人，日後也可能結為好友，甚至是親戚，但是戰爭開打後，這樣的關係馬上變成非殺不可的死敵，戰爭的殘酷與愚蠢，可見一斑！

在南斯拉夫，各宗教族群混居數百年的結果，一般人無法從外觀或講話認出對方是哪一個族群，跨族通婚也很普遍。族群之間雖然使用的語言不同，但差異也沒有很大。波士尼亞人雖然屬於穆斯林，但多數都已經世俗化，很少人在日常生活中還奉行嚴謹戒律。波士尼亞首府塞拉耶佛曾經是各民族融合最成功的地區，其多元文化傳統不僅是南斯拉夫過去最引以為傲的特色，甚至還舉辦過一九八四年的冬季奧運會，不過這些都因為這場戰爭而消失殆盡。

亞歷二號終於來到戰壕，但是他們發現他們根本無法處理慈拉的地雷問題，因為這必須要防爆小組的專家才能解決，同時他們也接到聯合國長官的嚴正命令要求他們馬上離開。在莫可奈何下，亞歷二號不得不丟下在戰壕的三人，維和部隊的離開讓望穿秋水的尼奇、尼諾兩人大感失望，但是尼諾要求維和部隊先帶他離開，尼奇雖然想離開，但是不忍拋棄隊友慈拉，可是他也害怕尼諾一離開，他和慈拉兩人會被塞爾維亞部隊殲滅，在尼諾滿心歡喜爬出戰壕時，他竟然開槍射穿尼諾大腿，讓聯合國士兵不禁大嘆：「這些人真是瘋了。」

媒體現場轉播，戰場活像實境秀

聯合國部隊在撤退途中遇到英國電視台記者珍李文在戰場現場做實況轉播，原來他們監聽無線電，知道聯合國維和部隊正前往三不管地帶處理一件意外事件，亞歷二號的指揮官瑪錢中士雖然覺得這些記者很煩，但他決定借力使力，他透過無線電對上級報告說，所有的記者都知道三不管地帶的事了，他們質疑聯合國部隊是否決定對受困的受傷士兵袖手旁觀？珍李文淡淡的透過無線電對著維和部隊的長官說：「……我半小時後要現場連線報導，數百萬觀眾的反應，一定會很有趣……」在電影中這段珍李文訪問聯合國長官的對白寫得很精彩，活靈活現，很像我們日常在電視中看到的媒體或是民代與官僚的對話，充滿了實問虛答的無奈。

在戰壕裡的三人隨著等待時間不斷拉長，加上尼奇射殺尼諾，讓壕溝內充滿著不安與憤怒的情緒，尼諾為報一槍之仇，拿起小刀衝向尼奇，兩人在壕溝裡又大打出手……。瑪錢中士的媒體壓力奏效，亞歷二號果然獲得允許拯救三不管地帶的受傷士兵，各國媒體也蜂湧而至，亞歷二號適時的趕到，壓制住正在幹架的兩人，大批的維安部隊也紛紛集結，這時的戰壕倒不像是戰場了，反而變成聯合國配合媒體的大型實境秀，真實的救援任務反而變成其次了。聯合國長官一來就偷偷指示瑪錢中士：不能冒險，一有危險就撤退；而記者則是忙著找尼奇與尼諾訪問，珍李文問尼諾：「那個士兵身體下的地雷是你裝的嗎？」這個蠢問題，馬上引得尼諾大比中指，轉頭就走。

不過彈跳地雷真是致命武器，就算是德國地雷專家來也無法移除，遠從克羅埃西亞總部搭直升機來現場的維和部隊指揮官索夫上校（Colonel Soft，電影裡這位英國籍指揮官正好姓「軟弱」），原想以英雄式的降臨，大做媒體公關秀，但後來他才發現這只是讓自己身陷泥淖，因為地雷根本無法拆除，惟恐被媒體發覺，他要求地雷專家回去戰壕，假裝忙著拆地雷；但另一方面卻對媒體說聯合國已經在拆除地雷了，但事實上只是地雷專家回到慫拉身邊枯坐打盹而已。

而在壕溝上觀看這場奇異媒體秀的尼奇對尼諾想暗殺他越想越氣，他拿起槍對著尼諾大罵，在封鎖線外苦於沒有拆彈鏡頭可拍的媒體，一聽到衝突，馬上轉向尼奇和尼諾兩人，尼奇激動地拿著槍對著記者大罵：「你們都一樣，嗜血禿鷹，連這也拍！拍我們受苦，你們賺大錢！」在尼奇對著媒體咆哮時，尼諾趁機拔槍，卻被尼奇發現擊斃，但尼奇隨即被聯合國維和士兵機關槍擊斃，現場只剩相機快門聲此起彼落，以及遠處傳來的烏鴉哀嚎聲。

但是引發這場殺戮的電台與聯合國維和部隊的反應如何呢？珍李文在事發後第一句話竟是：「拍到沒？」而遠在倫敦電視台監看畫面的新聞長官看到這場活生生的槍殺秀震驚的目瞪口呆。而索夫上校為保住職位，忙著對媒體扯大謊，表示地雷已經拆除，唯一的倖存者已經送醫，要求所有媒體撤離現場，否則不保障安全。原本熱鬧的三不管地帶在日落前馬上淨空，維和部隊與媒體全部一哄而散。

波士尼亞內戰——二十世紀末人類最醜惡戰爭罪行的代名詞

影片中的角色其實不多，但是每一個角色背後都代表了「參與」這場戰爭每一個族群的特性：波士尼亞人尼奇與躺在地雷上的慈拉、塞爾維亞人尼諾、有惻隱之心的法國維和部隊瑪錢中士、英國記者珍李文，以及姓「軟弱」的聯合國指揮官索夫上校。尼奇與尼諾之間語言相通，甚至還有共同朋友，但卻因為沒來由的仇恨而想置對方於死地，這就是當時歐洲人對南斯拉夫戰爭的看法，覺得巴爾幹半島上的人都是不理性的瘋子，為了看不見的民族深仇大恨而自相殘殺，外人根本想幫也幫不了。但是仔細看，這些人的本性其實不壞，尼奇一開始並不想殺尼諾，而戴眼鏡的菜鳥士兵尼諾看起來一點也不像惡名昭彰的塞爾維亞屠夫。聯合國維和部隊裡，稍有惻隱之心的瑪錢中士和昏庸的索夫上校剛好是兩個極端，但是因為指揮官昏庸，因此聯合國部隊最後什麼也沒做成。英國記者珍李文及在倫敦的新聞總部同仁們所代表的是嗜血的西方媒體：只想拍到聳動且獨家的新聞畫面，卻沒有真正協助解決戰爭。

已故美國學者杭廷頓（Samuel Huntington）曾經在一九九三年提出一個解釋為何波士尼亞會發生內戰的理論，他認為在二十世紀多數時間國際上發生衝突的原因是意識形態，如二次世界大戰期間軸心國與同盟國之間的戰爭，或是冷戰期間美國與蘇聯的對抗。但是在冷戰結束後，文明之間的競爭取代了意識形態的競爭，最容易發生衝突的地區就是各種文明或宗教交界處的斷層帶上，巴爾幹半島剛好就位於這個地區。一九九〇年代在南斯拉夫總共發生三場戰爭（包括斯洛維尼亞獨立戰爭、波士尼亞戰爭，以及一九九八至一九九九年之間的科索沃戰爭），看起來都是發生在他所說的文明衝突帶上。這套理論被稱為「文明衝突論」（clashes of civilization），直到今天還被許多學者拿來討論、應用。不過杭廷頓並沒有為這類衝突提出比較好的解決方法（他倒是提出了一些「預防」文明衝突發生的建議）。在所有南斯拉夫各共和國裡，只有馬其頓很幸運地獨立後沒有爆發戰爭。

電影的最後是一個長鏡頭，由下往上拉，只剩慈拉一個人孤伶伶地躺在壕溝內，那顆地雷仍壓在身下……。我認為這個鏡頭其實是隱喻世人對這場戰爭的看法：世界各國一直認為巴爾幹半島是歐洲的火藥庫，按照英國歷史家東尼賈德（Tony Judd）的說法，是「悶燒著難以理解之爭執與古老仇恨的大鍋」，只要把蓋子拿掉，鍋子就會瞬間爆開。但是正因為看來無解，因此歐洲各國表面上以人道理由提供各類援助，一旦發現危險就立刻逃之夭夭，深怕炸傷自己，就像片尾聯合國維和部隊和媒體一哄而散的情形一樣。

波士尼亞戰爭最後在一九九五年宣告結束，這也是靠外力介入的結果：美國一方面授權北約對塞爾維亞進行轟炸以施加壓力，另一方面要求參戰三方直接面對面談判，最後在一九九五年十二月於美國俄亥俄州的達頓（Dayton）簽署和平協議，在波士尼亞建立一個複雜的三方治理制度，塞爾維亞裔、穆斯林，以及克羅埃西亞人各自擁有某種程度的自治權，但同屬波士尼亞國，國家元首由三個族裔代表共同組成，輪流擔任代表。塞爾維亞總統米洛塞維奇在二〇〇一年被引渡到荷蘭海牙的國際戰爭罪犯法庭受審（是世界上第一個被送上該法庭的國家元首），卻在案件審理期間，於二〇〇六年在獄中離奇死亡。

今天的波士尼亞已經恢復平靜，還準備申請加入歐盟與北約，不過戰爭的傷痕已經造成，各族群間幾乎不相往來，過去南斯拉夫時期所創造出多元文化、兼容並蓄的風貌已成為永遠的歷史記憶，「波士尼亞」一詞也成為二十世紀末人類最醜惡戰爭罪行的代名詞。

1995 年達頓協定的結果：波士尼亞被分裂成波士尼亞與塞族共和國兩個部分
來源：維基百科共享資源
http://commons.wikimedia.org/wiki/File:Bih_dayton_en.png

5

南北韓緊張對峙背後不為人知的祕密

——共同警戒區JSA

南北韓之間的談判，就像在乾燥的森林中進行，星星之火就足以燎原！

韓國 CJ 娛樂電影公司
二〇〇〇年發行
來源：Korean Movies Database http://www.kmdb.or.kr/eng/vod/vod_basic.asp?nation=K&p_dataid=05257#none

在朝鮮半島分裂後，韓戰題材的電影一直是韓國電影產業重要的素材，但是一直到一九九九年「魚」（Kira）這部諜報片，可說是樹立韓國影業振興的里程碑，「魚」的場景調度與劇情編排的成熟度皆不輸給好萊塢電影，緊接著二〇〇〇年的「共同警戒區」與二〇〇四年的「太極旗」（Taegukgi）這兩部同樣處南北韓問題電影都大放異彩，充分展現出韓國電影工業的長足進步，其成熟度已不亞於美國。但本篇介紹的「共同警戒區」的攝製就與「魚」或是「太極旗」等片較為不同，它沒有豪華的動作場面或是壯烈的戰爭場景；相反的，故事背景僅以板門店為中心，也就是片名所稱共同警戒區（Joint Security Area），場景簡單、角色不多，但是卻巧妙地以一樁兇殺案，呈現板門店兩韓對峙緊張詭異的氣氛，也意外對比出同胞的感情超越了政治的荒謬無情。乍看片名會錯覺是一部嚴肅的戰爭電影，實際上是部充滿創意與娛樂元素的懸疑推理片。當年在韓國上映時，一週內就吸引了五十萬名觀眾，兩週後觀賞人次達到百萬人。到年底不僅成為當年的票房冠軍，更刷新了韓國電影有史以來的票房紀錄。據說二〇〇七年南韓大統領盧武鉉訪問平壤時，還曾經把這部片的DVD作為送給北韓領導人金正日的禮物之一。

這部電影的主題是南北韓關係。朝鮮半島的分裂是當前國際政治上一個非常奇特的現象，其起源也是之前所提到的「冷戰」。二次世界大戰結束時，戰勝國美國與蘇聯在歐亞大陸上的不同地方劃分勢力界限，原本在戰前被日本併吞的朝鮮半島也不例外，南部為美國所控制，北部則是蘇聯的勢力範圍，雙方以北緯三十八度線為界。按照聯合國的規劃，整個朝鮮半島應該在一九四八年進行選舉，之後美蘇軍隊撤出，由當地人民自組新政府。不過由於美蘇對立，蘇聯占領區內的選舉遲遲未能舉行，美國最後在南部支持由李承晚成立的「大韓民國」政府，定都漢城（今日的首爾）；蘇聯則協助金日成在平壤建立「朝鮮民主主義人民共和國」，朝鮮半島正式分裂成兩個國家。

一九五〇年六月二十五日，北韓人民軍突然對南韓發動攻擊，企圖以武力手段來統一朝鮮半島，開啟韓戰序幕。戰爭初期，北韓軍隊勢如破竹，占領南部大部分領土。七月初，聯合國安理會通過第八十三號決議，建議各會員國出兵協助南韓。美國等十八個國家響應聯合國號召，派遣軍隊從仁川登陸、開始向北反攻。當年十月，當聯軍部隊逐漸挺進到中國與朝鮮邊境的鴨綠江時，中國突然宣布參戰，派遣「中國人民志願軍」進入朝鮮半島協助北韓作戰。中國所派遣的軍隊雖然稱為人民志願軍，但其實是正規部隊改編而成，因此在參戰初期頗有進展，美國領導的聯軍被迫退回到北緯三十八度以南，中國與北韓軍隊甚至再度占領漢城。經過一番激戰後，參戰雙方在一九五一年六月後又回到以北緯三十八度為界的狀態，並進入對峙僵局，直到兩年後的一九五三年七月，參戰各方才在板門店簽訂停戰協定，以北緯三十八度線劃分出雙方的實際控制線，並沿著這條線南北各兩公里設立非軍事區。而板門店這個位在停戰線上名不見經傳的小村莊，也因為朝鮮停戰協定的簽署而聞名。板門店因為隔開了自由與共產兩個截然不同的世界，與柏林圍牆都被視為冷戰的象徵。

共同警戒區發生凶殺案，兩國政府諜對諜

共同警戒區（Joint Security Area）就是我們一般所熟知的板門店周邊的直徑八〇〇公尺的圓周區域，該區域長久以來屬軍事管制，除軍事人員之外，一般人民百姓是不許進入的，這裡也是整個南北韓非軍事區內唯一雙方軍人面對面守衛的地方。

故事就是發生在共同警戒區的一

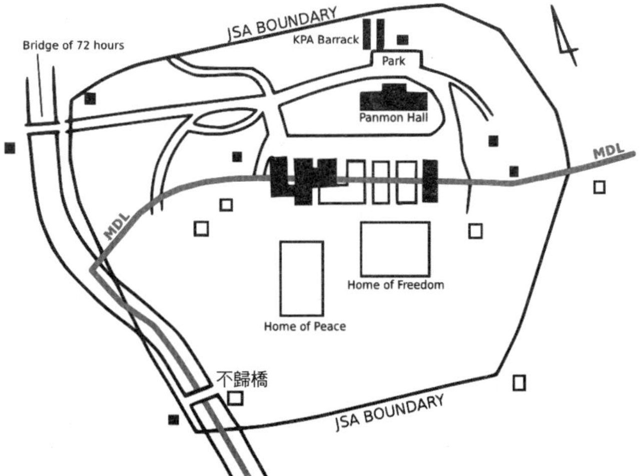

板門店共同警戒區地圖（中線的 MDL 線為停戰線）
來源：維基百科共享資源
http://commons.wikimedia.org/wiki/Joint_Security_Area#mediaviewer/File:Map_of_Joint_Security_Area.svg

個夜裡，一名南韓士兵李水奕拖著負傷的身軀從連接南北韓邊界的不歸橋（Bridge of No Return）狂奔回南韓，橋兩端頓時槍聲大作，之後才發現北韓邊界崗哨內竟然有兩名北韓士兵被槍殺而亡，南韓方面指稱是南韓士兵李水弈遭北韓俘虜，為了逃脫，才殺北韓士兵；但是北韓卻稱是南韓的攻擊行為，兩國為了合理化自己的行為，各說各話，宛如羅生門。在兩韓聯合調查失敗下，雙方同意由瑞士與瑞典等中立國組成的監察委員會進行調查。

而韓國人氣女星李英愛就是飾演代表中立國監察委員會的司法調查官蘇菲，也是貫穿整部電影的中心人物，劇情的進行就隨著蘇菲的調查夾雜倒敘方式，將整個案件抽絲撥繭。劇中將這個司法調查官設定為女性角色，是蠻有趣的安排，因為傳統上韓國的女性地位不如男人，讓一位女性調查官，而且還是由李英愛這個形象柔美恬靜的女星來扮演軍官，隻身進入板門店這個陽剛味十足的軍事地區，可以預見她所遇到的阻力與衝突將會有多大！這種反差的設計，不但讓劇情更顯張力，也大大增添了觀眾觀影的樂趣。不過，蘇菲這個角色的塑造與李英愛過去螢幕形象相差頗大，蘇菲個性冷靜剛毅，甚至可說是帶點冷血，她不隨著腐敗的官僚體系和稀泥，在她步步進逼下，每每讓嫌疑士兵情緒崩潰，一掃電影中此類女性角色必須帶有母性關懷的刻板印象。

片中之所以由瑞典與瑞士派員調查，有其歷史背景。一九五三年朝鮮停戰協定簽訂時，參戰雙方同意讓四個中立國派員組成一個監督委員會（Neutral Nations Supervisory Commission），負責監督停戰協議的執行。當時「中立國」選擇的標準是沒有派兵參與韓戰的國家，中國與北韓方面最後選擇捷克斯洛伐克與波蘭兩國，而聯合國這邊選擇的是瑞典和瑞士兩國。不過到了冷戰結束之後，北韓認為波蘭與捷克（捷克斯洛伐克分離之後由捷克繼續負責此事）已經變成西方陣營，因此要求這兩個國家的監督代表離開，監督委員會裡就只剩下瑞典與瑞士兩國。

偵查工作層層受阻，雙方有意隱瞞實情

蘇菲會被選中進入共同警戒區查案，主要是著眼於她的韓裔背景，她是日內瓦出生的韓裔瑞士人，說得一口流利韓語，在她初入板門店時，瑞典籍中立國長官包達將軍就提醒蘇菲，朝鮮半島的情勢是在緊張與和解中擺盪，談判在北京與板門店不斷進行，兩國間的衝突不斷，他形容兩國的談判就像是在一座乾燥的森林中進行，只要一點點火苗，就足以引發成森林大火，所以包達將軍警告蘇菲的調查一定要中立，不要激怒任何一方，他特別警告蘇菲的調查不是要知道誰做的，是去瞭解為什麼；不是要結果，而是要知道過程。

蘇菲馬上向南韓軍方要求接管槍殺事件主嫌李水奕士兵，南韓軍方看到蘇菲一介女流，不太瞧得起她，輕蔑地對她說這個事件很簡單，就是北韓綁架了南韓士兵，英勇的南韓士兵奮勇脫逃而已，然後大大稱讚李水奕，稱讚他殺了兩名北韓混蛋，是個英雄。但是蘇菲不理這一套，她要求完全接管這個案件，聲明在未獲任何同意下，任何人都不能接觸所有的嫌疑人，南韓軍方看了一下蘇菲的中立國監察委員會徽章，不屑地說道，這個世界上只有兩種人，一種是共產黨混蛋，一種是共產黨混蛋的敵人，沒有中立這回事。

蘇菲發現她的偵察工作困難重重，她訊問病床中的李水奕，但李水奕像失了魂似地理都不理蘇菲，蘇菲只能調閱李水奕書面供詞，依據李水奕的說法是當天晚上他在野外上大號時，被北韓士兵俘虜，後來他努力掙脫，槍殺了兩名北韓士兵，自己腿部不慎中彈才跑了出來。而訊問其他南韓士兵更是一面倒的神化李水奕的表現，說他是個忠勇愛國的士兵，平常就展現非凡的勇敢氣質。在北韓這一邊，唯一的倖存者吳影必對蘇菲的不屑與敷衍更是明顯，甚至是暗示她的多管閒事，而他的書面供詞只輕描淡寫地說明當他與同僚在值勤時，被李水奕襲擊，不但槍殺了他的同事，也將他打傷。

但是蘇菲發覺這件事並不單純，在驗屍後發現被擊死的北韓士兵，一是遭近距離背後開槍，這種處決式的槍擊，除非是有深仇大恨，才會這麼做；另一具屍體則是一槍精準致命，但是身上其他的彈孔卻是亂七八糟的分布，兩種槍痕，呈現極大的差異；而且現場遺留的彈殼數也與李水奕剩下的子彈不符，顯然現場開槍的人除了李水奕，應該還有另一人。另外李水奕與吳影必兩人的供詞雖然南轅北轍，但卻都有一個共通點，都指向是李水奕一個人開槍。是什麼樣的人會讓南北韓互相仇視的士兵共同要隱瞞保護的？蘇菲再度提訊李水奕，她向李水奕提出她的看法，指出當時開槍的另一個人是否就是當天跟他一同值勤的好友南成植，但在她提出質疑的同時，卻傳出南成植跳樓自殺的消息。原來調查委員會在同一時間也訊問南成植，並要求南成植進行測謊，南成植竟然恐懼地跳樓自殺。

一樁命案牽扯出兩方士兵特殊情誼

原來故事的真相是李水奕在一次出任務時誤踩地雷，但更慘的是他不知不覺中越了界，其他同袍根本不見身影，在他求助無援時，出現了兩個北韓士兵吳影必與鄭友振，三人相遇，原本一陣錯愕，持槍對峙，但後來發現李水奕踩到地雷，這時李水奕突然哭了出來，向敵營的吳鄭兩人求救，看到大男人李水奕哭了，鄭友振是一陣訕笑，但反倒引發吳影必的惻隱之心，吳影必不發一語小心翼翼地幫李水奕拆除了炸彈。

雖然李水奕是鎮守前線的軍人，也素以槍法快準狠為傲，但是南韓承平已久，就像台灣一樣，當兵是國民義務，年輕人腦子裡也只是想趕快渡過這段役期，影片中有一段的描述跟台灣阿兵哥心態很相近，就是當李水奕的同袍南成植感嘆李水奕只剩三個月的役期時，李水奕很嚴肅的回說：「不對，是只剩87天。」實際上他只是一個大男生，對於國家安全這種敵我分野的概念都是模糊的。李水奕對吳影必的救命之恩耿耿於懷，一直想找機會表達自己的感恩之意，一次他試著對吳影必的崗哨投擲信息，沒想到竟然獲得迴響，而吳影必似乎也很喜歡這個以大哥尊稱他的南韓小弟，漸漸地兩人透過信函稱兄道弟起來，有時李水奕還投送南韓流行音樂錄音帶給這個北韓大哥。

有一天吳影必的同袍鄭友振開玩笑地了寫了一封信邀請李水奕深夜到崗哨來一聚，天真的李水奕竟然依約赴會，此舉讓吳鄭兩人大吃一驚，鄭友振完全沒想到李水奕那麼天真，直罵李水奕是白痴後，又感動地挽留李水奕，還煞有其事地用政治宣傳的語言稱讚李水奕完成一項偉大之舉，稱他是兩國經過半世紀的分裂之後，中止了韓國恥辱歷史，衝破國家統一障礙的人。當晚三人完全卸下身分上的敵對束縛，把酒言歡，李水奕很得意地向吳鄭兩人說他是快槍手，但可惜無用武之地；但吳影必只是冷笑道，你確實是很快，但是你有真的打死過人嗎？打仗時速度快不重要，最重要的是勇氣與冷靜。原來吳影必才是真正的戰技專家，曾經到中東、非洲訓練士兵十年。而這段對話也反映出李、吳兩人的個性，也為後來凶案發展的走向埋下伏筆。

李水奕的同袍南成植是個害羞內向的男孩，他一直羨慕李水奕的英俊率直，也很擔心李水奕退伍後，他接下來軍中的日子不知該如何過，李水奕乾脆地將他北韓的好友吳影必與鄭友振介紹給他。剛開始南成植對這樣的往來感到懷疑不安，但是李水奕卻大而化之的說，流著相同血液的人在一起玩玩遊戲有什麼不好，那是犯罪嗎？我們又沒洩露什麼機密？更不用說我們又不知道什麼機密。就這樣在不歸橋兩端鎮守的兩組士兵，白天一本正經的做著守衛工作，夜晚就聚在一起聊天喝酒玩遊戲。雖然南成植比李水奕多了個心眼，也質疑過這會不會是北韓的統戰陰謀，但是隨著兄弟情誼的增長，漸漸也將這層顧慮拋諸腦後。

雖然雙方的話題百無禁忌，也常大開對方的玩笑，但是一旦觸及國家分裂的議題，總是會讓氣氛凝結，一次吳影必吃著南韓巧克力派，大嘆為何北韓做不出這麼美味的餅乾，李水奕試探性的問他想不想來南韓，李水奕的話一說出口，吳影必狠狠地瞪著李水奕，他嚴肅地跟李水奕說，這句話他只說一次，就是他的夢想是北韓有一天也能做出這麼好吃的巧克力派。雖然吳影必沒有正面回應李水奕的問題，但是也警告了李水奕這種話題以後不要再提，表達了縱然南韓再如何好，他也只能固守北韓。在國家議題上，兄弟的感情如何再好，但是南北分裂這條鴻溝是永遠跨不過去的。

韓戰結束迄今已經六十年，南北韓卻一直處於敵對狀態。早年雙方都曾經派遣特戰隊員或間諜進入對方境內進行各類破壞暗殺等行動，南韓一九七〇年代軍事強人朴正熙（現任南韓大統領朴瑾惠的父親）的妻子就是被北韓間諜所暗殺，但南韓也曾經訓練敢死隊企圖暗殺北韓領袖金日成。另一部韓國電影「實尾島風雲」講的就是這樣的故事。隨著南韓走向民主化與美蘇冷戰結束，南韓已經不再用軍事手段對付北韓，一九九七年當選南韓大統領的金大中提出陽光政策，親自造訪北韓，希望以和解態度化解雙方歧見，後來還因此獲得諾貝爾和平獎。但是北韓卻一直處在極為封閉孤立的狀態，北韓政府以金日成所創造的「主體」思想作為政治意識形態，將金氏父子塑造成神一般的地位讓人民膜拜，還極度仇視美國（或西方世界）並在二〇〇六年試爆核彈，嚴重威脅世界和平。

一九九〇年代末期，北韓內部出現極為嚴重的飢荒，據信有多達兩百萬人活活餓死。許多北韓人受不了，設法逃離出境，再跑到南韓尋求庇護，這群人被稱為「脫北者」。目前外界對北韓內部的瞭解多半都是透過這些脫北者的口述而來，前幾年有另一部韓國電影「北逃」就是以北韓大飢荒時的脫北者為背景。不過絕大部分的脫北者都是先逃往中國，南北韓之間的非軍事區守衛非常嚴密，很少有北韓人從這裡脫逃成功。

兄弟密會東窗事發，情急之下誤殺好友

隨著李水奕退伍的日子漸漸逼近，李水奕與南成植決定最後一次到北韓去與吳影必與鄭友振聚會，一方面說再見，一方面也給鄭友振慶生。當晚四人都非常感傷，也都留下對方的住址與合影，就在雙方要分別而互換禮物時，他們密會的行徑被北韓長官發現，北韓長官命令吳鄭兩人逮捕李水奕與南成植，在一陣混亂與誤判中，李水奕為了自保，開了第一槍殺了北韓長官，心慌的南成植也開槍射殺了鄭友振，原本是朋友的惜別會變成不可收拾的屠殺慘案，從沒真正上過戰場殺過人的李、南兩人心慌意亂，但是沉著冷靜的吳影必，馬上做出決斷，雖然同袍被殺，但如果任憑情勢發展下去，他們一群人全脫不了關係，一定送軍法審判，他教李水奕回去說是被北韓俘虜，才開槍射殺北韓士兵，而南成植從沒有出現過，在李、南兩人回去前，他要求李水奕對他開一槍，假裝他也是受害者。

北韓嚴格禁止其人民與南韓方面有任何形式的接觸，違者將受到極為嚴厲的處分。例如以前北韓人民會議議長與金日成大學校長黃長燁在一九九七年投奔南韓之後，其妻子女兒都被迫自盡，孫兒皆被送入勞改營，北韓還時常派遣殺手到南韓企圖行刺黃長燁。近年來也傳出北韓政府動輒處死觀看或走私南韓電視劇的人，其行徑讓人匪夷所思。因此像電影中那樣北韓士官吳影必與南韓哨兵私下來往，最後還弄出人命，其結果一定是遭到審判

後處決。他最後使出苦肉計讓自己假裝被對方射傷，不失為保護自己也保護兩位南韓朋友的好方法。

最好的調查結果是掩埋真相

蘇菲的調查漸漸將事實拼湊出來，但是兩國士兵是好朋友，這樣的醜聞一旦傳出，南北韓雙方將顏面盡失。這時蘇菲突然接到命令，她被解除調查職務，原來她被查出是前北韓共產黨軍官的女兒，而中立國監察委員會絕不允許這個調查由這樣背景的人來領導。原來韓戰期間，在巨濟島有個關了十七萬北韓官兵的戰俘營，這些戰俘分兩派，一是共產黨員，另一種是不想參戰的非共產黨員，這兩派互相殘殺、鬥爭，情況之慘烈，可說是內戰中的內戰。戰後聯合國決定依這些人意願決定其遣送地點，有的決定回到北韓，有的則是選擇到資本主義的南韓，但是其中有七十六人兩邊都不去而被遣送到第三國，後來他們都分散到世界各地，而蘇菲的父親正是其中一人。中立國監察委員會跟蘇菲說，你不瞭解板門店，這裡維持和平的方法是掩飾真相，這個調查就是要你什麼都查不到。

雖然蘇菲的調查徒勞無功，但臨去前，她告訴李水奕，吳影必說如果這是發生在南韓崗哨，他也會先開槍；但是蘇菲話鋒一轉，說道：但只有一點你們的說法沒有吻合，吳影必說先開槍射殺鄭友振的並不是南成植，而是你！不過蘇菲接著感嘆道：誰先開槍有什麼關係呢？不知蘇菲是有意或是無意，將這個訊息透露給李水奕，在劇末，李水奕在移送到另一所醫院時，奪下戒護人員的手槍，飲彈自殺。顯然地，案件發生後，李水奕心理一直承受著槍殺好友的苛責，在蘇菲捅破這一層紙後，他的良心防線也隨之崩潰，受不了這個痛苦，他選擇自戕，自我解脫。

南北韓問題難以是非論斷，只能用政治手段解決

蘇菲雖然是個極端聰明的調查人員，她忠於職守，執著於破案也沒錯，但是此案一開始就注定了是椿政治事件，不是單純的刑案，它的解決方式不能單純地以是非對錯來判斷，因為它的後果所導致的政治成本將遠大於懲凶的代價。但因為蘇菲對政治的不瞭解，幾乎要點燃這個南北韓雙方刻意踩熄的星星之火；也因為她不能瞭解兄弟間的情感，最後還讓李水奕承受不了槍殺好友的罪惡感，開槍了結自己。或許當初南北韓一開始決定讓此案不了了之，才是最佳的解決方式。

順帶一提的，因為這一部電影不可能在實景拍攝，所以它的場景在有韓國電影聖地之稱的兩水里電影城搭景拍攝，筆者曾參觀過該片場，雖然不曾去過真正的板門店，但是板門店重要設施也幾乎全在片場重建，站在那條分隔線前，也頗能感染到那種莫名的緊張。「共同警戒區」在播映時獲得巨大的成功，因此它的場景成為電影城宣傳的重點，每天參觀的人絡繹不絕。在參觀電影城時，韓國的導覽人員不斷地提到「共同警戒區」，深以此片感到自豪。

也因為這部電影巧妙傳達出「國家雖然分裂，但民族感情不變」的訊息，讓觀眾能感受到韓國人對國家統一的渴望，和「太極旗」一樣都是瞭解韓國人民族性格與南北韓微妙關係的好電影。

電影中幾位主角巧妙地被安排在片尾這張板門店照片中——森嚴警戒氣氛下隱含著不為人知的秘密
來源：韓國 movist 網站
http://www.movist.com/

6

二〇〇三年伊拉克戰爭的真實面貌——關鍵指令（*Green Zone*）

你無權決定這裡發生的事！

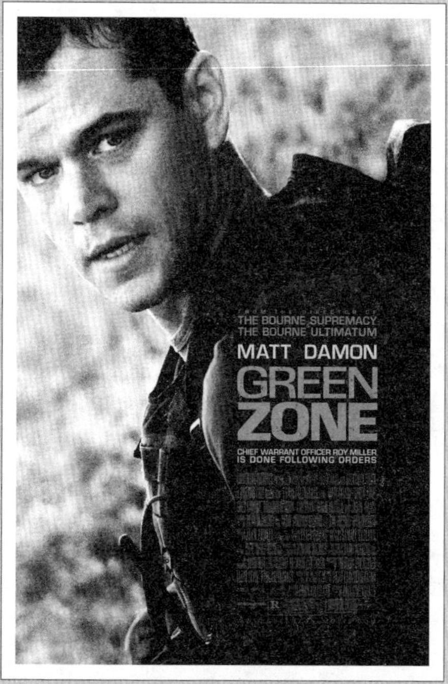

美國環球影業（Universal Pictures）
二〇一〇年出品
來源：Impawards 電影海報網
http://www.impawards.com/2010/green_zone.html

由於美國演員麥特．戴蒙與英國導演保羅．葛林葛瑞斯（Paul Greengrass）合作「神鬼認證」系列電影的成功，「關鍵指令」這部由兩人第三度合作的電影，在台灣上映時，因為在宣傳上標榜的是戰爭動作鉅片，衝著麥特．戴蒙與保羅．葛林葛瑞斯兩人的大名，許多影迷以為又是一部與「神鬼認證」一樣，有著華麗暴力場面的諜報動作娛樂大片。但實際上「關鍵指令」雖是虛構劇情，但劇中人物多確實有本，且導演的重點在剖析美國入侵伊拉克的真實面貌，劇情走向較為嚴肅，所以抱持著觀看「不可能任務」與「神鬼認證」等類電影心態的人，看完此片可能會覺不夠過癮，但做為一個批判性政治電影而言，緊湊的劇情與深具臨場感的戰爭場面，蠻具有娛樂效果。

此片導演保羅．葛林葛瑞斯雖然導了《神鬼認證：神鬼疑雲》（The Bourne Supremacy）與續集《神鬼認證：最後通牒》（The Bourne Ultimatum），成功塑造出傑森．包恩（Jason Bourne）這個虛構的諜報界明星，也將麥特．戴蒙推上動作巨星的地位，但保羅．葛林葛瑞斯最擅長的片型反而是根據真實事件改編的劇情片，尤其是災難型電影，例如改編自一九七二年發生在北愛爾蘭英國傘兵向市民開槍造成重大傷亡事件的「血色星期天」（Bloody Sunday）、根據九一一事件中的聯合航空九十三號班機劫持事件改編的「聯航 9 3」（United 93）與描寫二〇〇九年索馬利亞海盜挾持美國貨輪事件的「怒海劫」（Captain Phillips），從這些電影的形態，可以看出保羅．葛林葛瑞斯這個導演喜歡深具爭議與場面浩大的歷史事件，而從他這幾部電影叫好又叫座的成績看來，他處理這類型電影的功力，是深受肯定的。這種重建歷史事件的電影好處是大家耳熟能詳，所以在宣導上不費吹灰之力，容易引起共鳴；但是這也是它很難討好之處，因為大家都已經知道結局，如何拍出能吸引人、不落俗套，讓觀眾願意再掏錢走進戲院再看的電影，則考驗著導演的功力。

美國在二〇〇三年以伊拉克發展「大規模毀滅性武器」為由，入侵伊拉克，也拉下執政長達二十五年的海珊政府，但小布希政府所謂的「大規模毀滅性武器」一直未有證據證明，因此國內外各界對於美國入侵伊拉克的正當性一直多所質疑，加上維基解密與許多報導文學的披露，更暴露出美國政客、媒體操作入侵伊拉克的種種不堪，也因此過去十多年來，美國電影界製作出一些批判美國政府入侵伊拉克政策的佳作，例如紀錄片「華氏911」（Fahrenheit 911）、「權力風暴」（Lion for Lambs）、「不公平的戰爭」（Fair Game）與本篇要介紹的「關鍵指令」。

在台灣，「關鍵指令」這部電影因為知名度不高，市面上很難找到DVD，目前大概只能在大學圖書館裡的影音資料室才找得到，不過這部電影拍得不錯，值得一看。本片的主題是二〇〇三年美國攻打伊拉克的戰爭，這是進入二十一世紀以來美國所參與的第二場戰役（第一次是二〇〇一年十一月出兵阿富汗），也是規模最大的一場戰爭。直到今天很多人對這場戰爭仍有印象，不過如果問美國當時為什麼要攻打伊拉克？大概很多人就答不出來了。剷除伊拉克總統海珊（Saddam Hussein）大概是最直接簡單的理由。海珊是有名的獨裁者，在國內屠殺異己，大搞個人崇拜，還曾經攻打伊朗並占領科威特，不過世界上這類的獨裁者暴君到處都有（想想北韓金氏政權的祖孫三代、或是敘利亞的阿薩德父子），為什麼美國光挑海珊下手？也有人認為是怕海珊與恐怖組織結盟，例如賓拉登之流，可是如果瞭解伊拉克政權特質，就知道海珊根本與蓋達恐怖組織沒什麼聯繫，反而後者會把伊拉克政權看得與美國一樣邪惡。美國的確有一段時間想證明海珊政權與蓋達組織有聯繫，但是也找不到什麼明確的證據。對中東局勢有比較多瞭解的人也許會說「還不是為了石油」，這當然很可能是真正的理由，但是美國絕對不會承認，也很難去證明。當時美國所主張的出兵理由是：伊拉克正在製造大規模毀滅性武器，對世界和平構成嚴重威脅。

美國終結海珊政權，卻查無大規模毀滅性武器證據

「關鍵指令」電影一開始，即以美國在二〇〇三年三月十九日向伊拉克宣戰，大規模

轟炸伊拉克首都巴格達做為楔子。由於導演保羅．葛林葛瑞斯擅長以手提式攝影機捕捉搖晃畫面來製造臨場感，因此伊拉克大將軍，也是海珊的心腹艾洛威（Mohamed Al Rawi）驚慌逃跑與爆炸火光閃爍的畫面晃動感來呈現伊拉克危急情勢，最後以一個個炸彈此起彼落地轟炸巴格達城的長鏡頭，殘忍地點出伊拉克的陷落。

在美國攻陷伊拉克的四星期後，開始在境內進行大規模毀滅性武器的搜索行動，由麥特．戴蒙所飾演的米勒准尉（Miller）根據指揮官交付的情報，率領勘察小組前往迪瓦尼亞調查化學武器工廠，但一進入該地區，卻被埋伏的狙擊手攻擊，在一陣槍林彈雨後，終於殲滅對方，進入所謂的化武工廠蒐證。同樣地，為了塑造戰爭實景的臨場感，導演在這段也是以手提攝影機鏡頭的搖晃感營造兩軍交戰時高度緊繃，鏡頭不時隨著槍桿子晃起晃落，加上畫面快速剪接變換，雖然真實感十足，但是整段戲看下來，筆者眼睛還真的很疲勞，頭也感到有點暈眩，不過這是題外話。雖然米勒准尉率領的小組成功占領所謂的化武工廠，但是現勘的結果，發現這只不過是一間廢棄的馬桶工廠。事實顯示，這個情報根本是個錯誤，而這個錯誤已經是連續第三次了。

米勒回到基地後，跟長官反應過去以來情報一而再、再而三的錯誤，但是長官要他閉嘴，不要興風作浪，因為華盛頓那邊的高層會不高興。但是在一場基地的簡報會中，米勒還是忍不住質疑軍方情報來源有問題，過去的搜查行動與人員傷亡都是徒勞無功，而且很顯然地這些情報跟現況根本與現實脫節。不過米勒的種種質疑全被軍方高層否認，他們堅稱所有情報都是經過確認的，他們要求米勒只要去執行，不必質疑情報的來源。

米勒的疑問雖被軍方下禁口令，但卻引起中情局高級探員布朗（Brown）的注意，因為他懷疑伊拉克擁有大量化武工廠的訊息不是真的，因為伊拉克人沒有反抗，沒有使用大規模毀滅性武器，軍方這個情報

駐紮在巴格達的美軍坦克（2003 年 11 月拍攝）
來源：維基百科共享資源 http://commons.wikimedia.org/wiki/File:UStanks_baghdad_2003.JPEG

來源有問題，他追查了一陣子，他希望米勒能跟他合作。

大規模毀滅性武器，指的是能造成大規模人員傷亡，或對人類創造的環境造成重大損害的武器，國際上一般認定有三種武器具有這種效果：核子武器、生物武器以及化學武器。因為製造或持有對人類社會造成極大威脅，因此國際社會發展出很嚴格的規範來加以限制。伊拉克一直被視為是有可能發展大規模毀滅性武器的國家，聯合國安理會多次通過決議，包括二〇〇二年十一月通過的第一四四一號決議（UNSC Resolution 1441），要求伊拉克放棄製造核子彈或化學武器，並且開放其設施讓國際社會檢查。雖然伊拉克做出回應，但並不乾脆，這使得美國認為海珊手中還藏有部分的大規模毀滅性武器，以軍事行動終結海珊政權的構想在華盛頓決策圈逐漸成型。二〇〇三年三月二十日，美國正式對伊拉克發動攻擊，十四萬美軍以及四萬英軍（此外還有少量的澳洲與波蘭軍隊）投入此一軍事行動。美國宣示此一軍事行動的目標是：「摧毀伊拉克的大規模毀滅性武器、終結海珊政權對恐怖主義的支持，以及讓伊拉克人民重獲自由」。四月十二日，聯軍攻入首都巴格達；三週後的五月一日，美國總統小布希親自駕機登上停泊在波斯灣的美國航空母艦林肯號，正式宣布伊拉克戰爭結束（電影中有關於這一段的新聞畫面）。

對於伊拉克戰後重建，美國陷入分歧的權力鬥爭

而伊拉克自被美國拉下海珊政權後，國內就呈現群龍無首的紊亂狀態，加上許多基礎設施被戰爭破壞，民生用水電極度缺乏，連首都巴格達都因為用水問題沸沸揚揚，人民上街抗議。米勒率領的調查小組，為了執行上級下達的任務，常常要出入伊拉克平民地區搜尋所謂的化武工廠，他們開著重裝軍車在巴格達街道招搖過市，簡直將伊拉克人民的憤怒帶到最高點，氣憤的人民將軍車圍住，用力拍打，但米勒只能喝斥隊員不能輕舉妄動，因為任何的一個失控，都會帶來無可挽回的傷亡。

在米勒這些美軍不斷搜查化武工廠的同時，美國為了將伊拉克紊亂的情勢穩定下來，國防部特別情報組官員潘斯東（Poundstone）將在綠區（Green Zone，這也是本片的英文原名，是指非軍事區）召開伊拉克自由會議，主張讓三個主要族群：庫德族、什葉派、遜尼派共治，潘斯東建議扶植流亡國外三十多年的亞密·蘇拜迪（Ahmed Subaidi）回來主政。但是中情局探員布朗卻不以為然，他認為蘇拜迪在外流亡太久，許多伊拉克人根本不認識他，而且蘇拜迪多年來提供太多假情報給美國，他認為蘇拜迪不可靠！潘斯東與布朗有一段對話，這段對話也是這部電影接下來劇情走向的關鍵，充分反映當時美國在占領伊拉克後，政府內部對伊拉克發展不同看法的角力戰，也是批判美國對伊拉克政策最經典的

對話。

布　朗：「你不能把國家交給一個沒有人聽過的流亡者，和一班華盛頓的實習生！」

潘斯東：「……你有更好的主意嗎？」

布　朗：「我們需要利用伊拉克軍隊來幫助我們，這國家面臨種族分裂，現在海珊已經不在了，唯有他們能維持這地方……」

潘斯東：「我們絕不能向美國人民推銷這個論點……我們打敗了伊拉克軍隊。」

布　朗：「他們仍然存在和擁有武器，他們正在新伊拉克尋找新的定位……他們不是全部跟隨海珊的，如果我們給他們好處，他們就會跟我們合作……」

潘斯東：「讓我告訴你，我們已經花了太多美國人的金錢和性命，令一個復興黨將軍掌權……」

布　朗：「你知道綠區以外的地方發生什麼事嗎？很紊亂，沒有警察，每天晚上都有報復仇殺，人們問為何我們不能阻止這些事？我們正在失去民心！」

潘斯東：「民主是很難搞的！」

布　朗：「如果你拆散這國家，並解散軍隊，在六個月內將有內戰！」

復興黨（Ba'ath Party）是海珊所屬的政黨，這是中東地區一個主張阿拉伯社會主義的政黨（或一種運動），Ba'ath 這個字在阿拉伯文是復興的意思，因此中文一般翻譯成復興黨。這個政黨主要的意識形態是主張泛阿拉伯主義、國家主義，以及反殖民主義，並支持由一個具有絕對權威的政治組織來達成這個任務，有點像以前的國民黨或共產黨。這個政黨後來主要活躍於伊拉克與敘利亞，一九六八年伊拉克復興黨發動政變，此後就一直是伊拉克的唯一執政黨，直到二〇〇三年被美軍占領後查禁為止。而布朗在此所指的「一班華盛頓實習生」就是在諷刺潘斯東這些只在華府看資料做判斷，對於中東現況並未實地瞭解的幕僚而言。

這一天，米勒根據情報率領調查小組在巴格達市區調查曼蘇爾化學武器廠，正圍起警戒線，不斷掘地找證據，突然一陣騷動，一名伊拉克平民穿越美軍警戒線，被美軍制伏在地，米勒上前去瞭解情況，原來這個自稱佛萊迪（Freddie）的平民想提供米勒一個情報，他指稱他看到一群像是復興黨的高官正在集會，米勒看著佛萊迪冷冷地說：「我為什麼要相信你？」佛萊迪氣急壞敗地說：「你以為我們會很輕易跟美國人交談嗎？我來到這裡，所有的人在看著我……，你們在挖地，為什麼呢？你需要與這些當地人談啊，你知道他們說什麼？所有人在看著，你覺得有人能夠把東西放在這個地方，而地方的人都不知道嗎？這是沒有邏輯的，我是來這裡幫你的！」佛萊迪急急的一大串話倒真的打動了米勒，在伊拉克已經有一陣子了，但搜查化武的事卻一無所獲，令他對美國出兵的事感到困惑，對於佛萊迪的話，他願意賭上一賭，決定帶另一組人去佛萊迪舉發的復興黨聚會的地點。

佛萊迪的情報沒有錯，一群復興黨的高級將領與官員們正在密會，他們正對是否要與美國合作進行激辯，一派認為與美國合作就是叛徒，要不是美國，他們也不會淪落至此，最後，當中最高的將領穆罕默德．艾洛威，也是海珊的心腹，認為現在的伊拉克是無政府狀態，當美國人試圖製造民主，但帶給伊拉克的卻是不斷增加的暴動，美國最後還是需要復興黨的武力，他主張與美國做條件交換，以換取更多的權位。

在艾洛威等人聚會結束，準備離開時，米勒率領的小組正好趕上，一一將其逮捕，而在進一步搜捕屋內的餘黨時，正好與穆罕默德．艾洛威保鑣發生駁火，但在混戰中還是讓穆罕默德．艾洛威逃走了。而米勒經過事後確認，才知道那位逃走的男子正是海珊的大將軍穆罕默德．艾洛威，也是所謂的梅花J。在這裡順帶一提，美國政府為了方便美國大兵熟知海珊政府的所有重要官員，將這些官員的圖像與資料印製成撲克牌，發給各個美國士兵。撲克牌不但容易攜帶，也是士兵們閒暇時主要的娛樂消遣，透過不斷遊戲記憶，可說是讓士兵們對這些戰犯熟悉的絕佳方法，這招「撲克牌通緝令」真是最佳戰爭創意。這也是一聽到艾洛威，士兵們馬上就聯想到梅花J的原因。

雖失去了艾洛威，米勒逮捕了包括會議主持人薩伊·哈姆扎（Seyyed Hamza）等一干復興黨人，也意外取得了薩伊·哈姆扎的筆記本。米勒相信只要能捕獲艾洛威，一定可以知道化學武器工廠的分布，他要求薩伊·哈姆扎供出艾洛威的下落，正當他與薩伊·哈姆扎談判時，另一組自稱來自更高權力機構的特種部隊搭著直升機從天而降，強硬地帶走薩伊·哈姆扎，米勒眼睜睜看著他的人被帶走，徒呼負負，但是薩伊·哈姆扎的筆記本在米勒巧妙的掩飾下，沒被沒收。

美國最後之所以做出攻打伊拉克的決定，是根據一位從來沒有公開露面的伊拉克叛逃者的供詞，這位叛逃者告訴美國海珊政權藏有大批化學武器，但是因為此人從未露面，外界並不知道此人到底存不存在。在電影裡國防部官員潘斯東口中的麥哲倫（Magellan）就是指這名告密者。

假情報構築成的伊拉克化武神話

米勒對於上級不斷提供錯誤的情報，讓他跟士兵們做一些徒勞無功的化武工廠搜尋工作，一直大感不解，他覺得這本筆記本或許可以提供他一些線索，他決定聯絡布朗。布朗與米勒約在綠區的共和國皇宮見面，雖然是在戰時，美國營造的非軍事區的遊憩天堂還真有兩把刷子，這座擁有大游泳池的大皇宮，游泳池旁都是穿著比基尼的金髮美女，還有啜飲美酒的美國人，這個地方就像是旅遊廣告裡的渡假勝地，絲毫沒有戰火氛圍，對照非軍事區外殘破不堪的伊拉克，實在有如天堂與地獄之別。當米勒將筆記本交給布朗，布朗如獲至寶，馬上決定安排米勒調職，他要米勒換掉軍服，到自己身邊當助手。

蘿莉．黛恩（Laurie Dayne）是華爾街日報的記者，長期與潘斯東合作，因為潘斯東以麥哲倫這個人的線報，提供伊拉克發展化武工廠的訊息給蘿莉，讓蘿莉在華爾街日報發表一篇又一篇伊拉克擁有化武的報導，但隨著海珊政府已被推翻，而所謂化武工廠卻毫無所獲，蘿莉心急如焚，再這樣下去，她在業界的信用將掃地，她找潘斯東想要瞭解麥哲倫是為何人，但是潘斯東完全拒絕透露。這一天她在共和國皇宮看到槍上有著八十五小隊標幟（意謂尋找大規模毀滅性武器部隊）的米勒與布朗密談，她上前與米勒攀談，但米勒看她是記者，根本不想多說，但蘿莉還是試圖套話，她說：「你們仍然什麼也找不到，這合理嗎？」她向米勒遞出名片，希望有什麼消息可以提供給她。

雖然薩伊．哈姆扎被潘斯東派出的特種部隊帶走，但是他的筆記本卻落在米勒手中，潘斯東匆匆跑去找米勒，米勒說筆記本已交給布朗。原來長期以來，潘斯東都是以「麥哲倫」為幌子，提供華府、國防部與媒體不實的情報，他深怕一旦海珊的心腹落網，將會供出伊拉克根本沒有發展化武的真相，他急欲找出艾洛威將其滅口。

布朗指派米勒潛入營救薩伊．哈姆扎，希望能從薩伊．哈姆扎口中知道艾洛威的下落，他計畫與艾洛威談合作條件，對於布朗決定與艾洛威談條件的做法，讓米勒感到驚訝，因為海珊是美國趕下台的，現在又要與他的餘孽合作，但是布朗認為，只有艾洛威才知道化武的真相，他指示米勒攜帶巨款去遊說薩伊．哈姆扎，同時以護送薩伊．哈姆扎家人出國做交換條件，但也要薩伊．哈姆扎不得對潘斯東說出艾洛威的下落。對於這個要求，米勒不解，他以為不論是潘斯東或是布朗，大家應該都是同一陣線，但是，布朗要他做出選擇，要不就與潘斯東合作，但他也提醒米勒所有毀滅性武器的情報都是潘斯東與那個「麥哲倫」線民提供。這時米勒才瞭解因為國防部與中情局對伊拉克重建的看法不同，雙方在互相角力，而他必須選邊站。最後米勒接受布朗的說法，也接受布朗交付的任務，去營救薩伊．哈姆扎。

但潘斯東的權力太大了，他透過白宮直接授權，不但解除布朗對米勒的調職，也直搗中情局在伊拉克的總部，要求中情局交出所有情報，布朗無奈只得交出筆記本。潘斯東獲得筆記本後，馬上下令狙殺艾洛威。而米勒這邊也知情勢有變，趁著他的解職令尚未下達的空窗期，以中情局幹員的身分前往集中營訊問薩伊．哈姆扎，他僱用佛萊迪隨行做他的翻譯，但米勒見到薩伊．哈姆扎時，他已經奄奄一息，只吐露出「你們為什麼要這樣對我，艾洛威將軍在約旦開會時，都照你們的要求」後，就氣絕身亡。

米勒不解薩伊．哈姆扎所謂開會的意思，他回想起他之前看到蘿莉．黛恩的報導曾指出「麥哲倫」在戰前曾與美國官員開會，所有的情報來源都是來自麥哲倫，他找來蘿莉．黛恩欲瞭解麥哲倫是什麼人？但蘿莉以保護消息來源拒絕提供。他指責蘿莉的報導都是狗屁，麥哲倫提供的都是假情報，但這些假情報是美國打仗的主因！這時蘿莉才說出

米勒上尉（左）與國防部高官潘斯東（右）
來源：關鍵指令電影官網
http://www.universalstudiosentertainment.com/green-zone/

她有一天接到華府高官的電話，說他知道海珊殲滅性武器計畫詳情，要求在約旦碰面，那位華府高官才把麥哲倫的報告給她。為印證薩伊．哈姆扎與蘿莉的說法，米勒向布朗查證，透過中情局系統才發現艾洛威與潘斯東同一天都在約旦安曼！原來潘斯東所謂的「麥哲倫」，就是艾洛威。

美國入侵伊拉克的主因

這時劇情急轉直下，米勒必須早潘斯東一步找到艾洛威，保護他的安全，透過艾洛威舊屬的聯繫，米勒與艾洛威搭上線，但這時在一旁翻譯佛萊迪卻指責米勒，為什麼要跟艾洛威談條件，因為這些復興黨人正是過去荼毒伊拉克人民的元凶！但米勒認為這樣才能拯救伊拉克，藉著艾洛威的軍力，來弭平伊拉克的動亂。

而潘斯東這邊也派出大批人手準備幹掉艾洛威，潘斯東更使出殺手鐧，他馬上開記者會，發布美國政府新的指令，要求解散伊拉克軍隊及民兵，國防部、軍政局、情報局以及國家安全局，所有軍官、士兵、役男，以及其他軍事人員都被革職，所有軍階和頭銜都被革除，除此之外，伊拉克執政黨復興黨也就此解散，黨員立刻從中央、地方政府、醫院、大學、各級學校以及其他公共機構中革職……。此一訊息的發出，無疑是斷了艾洛威與美國政府合作的機會，也警告了中情局布朗這一幫人，美國政府絕對不可能與艾洛威合作。

米勒依約前往，但是卻被艾洛威部下挾持，艾洛威質問米勒所為何來？米勒向艾洛威求證在美國開戰的前幾個星期，是否曾跟美國官員碰面，提供伊拉克有大規模毀滅性武器的計畫。艾洛威表示跟美國官員說根本沒有化武計畫，伊拉克在一九九一年後就拆除一切設備。艾洛威跟米勒說：「你的政府想要聽這個謊言，他們想要除掉海珊，才會編出這個大謊言，這才是侵略伊拉克的主要理由」，但米勒還是試圖說服艾洛威跟他合作，說出真相；不過經過剛剛美國的聲明後，艾洛威知道這已經是不可能的事了，他指責米勒為什麼美國政府要解散伊拉克軍隊，讓他們成亡命之徒，為何要一步一步瓦解伊拉克？當初說只要跟美國政府合作，新的伊拉克就有他的位置？現在呢？

在米勒被劫持後，潘斯東與中情局都派出大量兵力部署，準備攻堅艾洛威藏身地。艾洛威部隊頑強抵抗，米勒趁亂逃出，而艾洛威在隨扈保護下，也逃離現場，但潘斯東的特種部隊不斷追殺艾洛威，米勒也一路緊追艾洛威，在一陣短距離巷戰駁火後，只剩艾洛威與米勒兩人，艾洛威再度向米勒質問：「你確定這是你的政府要的嗎？」但話甫說完，卻被一旁的佛萊迪開槍射殺。米勒斥喝佛萊迪：「你為什麼殺死他？」佛萊迪悲憤的回應：

「你無權決定這裡發生的事！」而這句話可說是伊拉克人對美國人所作所為最直接了當的指控。

關鍵指令這部電影的劇情很多是根據印度裔美國記者昌德拉塞卡蘭（Rajiv Chandrasekaran）在二〇〇六年所出版的一本書《翡翠城裡的帝王生活》（Imperial Life in the Emerald City），這本書對於美國在伊拉克當地的所作所為有很多內幕報導，電影中所設定的角色，如米勒准尉、中情局的布朗、國防部的潘斯東、美國扶植的伊拉克新領袖蘇拜迪，以及華爾街日報記者黛恩都各有所本，因此雖然劇情是虛構，但是和真實情況應該相去不遠。例如記者黛恩的角色似乎是影射前紐約時報記者茱蒂・米勒（Judith Miller），她在二〇〇三年前後寫了一大堆關於伊拉克擁有核武的報導，但是後來卻被發現這些報導沒有任何根據。美國政府支持的伊拉克領袖蘇拜迪則類似查拉比（Ahmed Chalabi），他原本是流亡在外的異議份子，在戰後被美國政府扶植為總理，甚至還有人稱他是「創建新伊拉克的華盛頓」，但是因為完全沒有治理能力，短短一個月就被趕下台。

伊拉克到底有沒有大規模毀滅性武器？美國開戰到現在整整十年，把整個伊拉克國土幾乎都翻遍了，卻完全沒有發現任何證據，可見答案很明顯。其實在美國境內，關於伊拉克擁有大規模毀滅性武器是否構成開戰理由這件事，還引起另一場政治風暴，也就是所謂的「特工門」或帕勒美（Plame）事件。美國中情局在開戰前曾經邀請一位資深的退休大使威爾遜（Joseph Wilson）去非洲的尼日調查伊拉克是否有從該地進口黃餅（yellow cake，提煉鈾的原料）以製造核武。他在回國後上呈報告說沒有任何證據顯示伊拉克違法。但是後來美國總統布希還是宣稱伊拉克從非洲進口鈾礦來製造核彈，並且以此為理由發動戰爭。開戰後三個月，威爾遜投書紐約時報，說布希政府並沒有根據真正情報做出決策。不料一週後，知名專欄作家諾瓦克（Robert Novak）在華盛頓郵報撰文指威爾遜的妻子帕勒美（Plame Wilson）是資深中情局特工，暗示威爾遜能去尼日是靠太太的關係。諾瓦克明顯是從白宮高層得到此一資訊，後者藉著洩漏帕勒美的身分來打擊威爾遜。這件事在美國政界鬧得沸沸揚揚，後來還被拍成電影「不公平的戰爭」，由影帝西恩・潘（Sean Penn）和娜歐密・華滋（Naomi Watts）主演。

「關鍵指令」這部電影所觸及的主題剛好是整場戰爭最核心、也是最敏感的問題，因此在推出後獲得各種不同的評價。美國國內比較保守的媒體基本上對此電影持批判態度，但是自由派卻對其極為推崇。「華氏911」紀錄片的導演摩爾（Michael Moore）甚至說「這是有史以來，好萊塢所拍出最忠實呈現伊拉克戰爭真實面的電影」。至於是否真的如此，就讓看過本片的讀者自己判斷了。

7

操弄中東產油國政局幕後的那隻黑手

——諜對諜（*Syriana*）

你想知道商界怎麼看你們嗎？一百年前你們住在這個沙漠的帳篷裡相互砍來砍去，一百年後你們將會再淪落到同樣的地步。

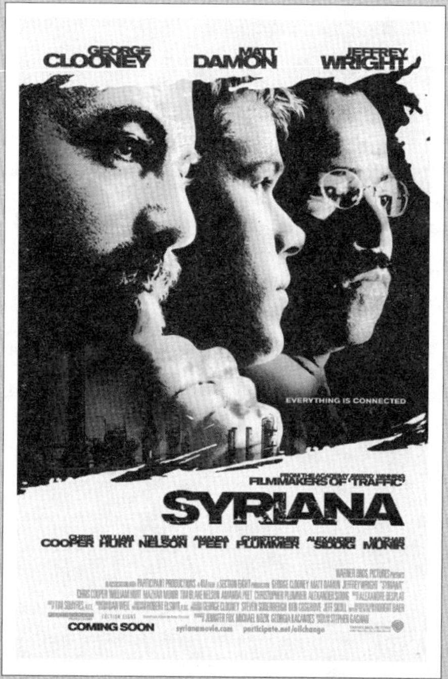

美國華納影業（Warner Brothers）二〇〇五年出品
來源：諜對諜電影官網
http://wwws.warnerbros.co.uk/syriana/

雖然好萊塢電影常為人詬病商業氣息重、俗氣浮誇，多不若歐洲電影的人文藝術氣息濃，但是它敘述能力強，著重邏輯清晰，在觀察人類行為、社經運作與政治操作上，多有佳作。尤其是政治類型電影，不論背後意識形態為何，好萊塢透過高超的故事包裝能力，大抵能精確地將其意涵傳達出去。筆者認為這大概是因為美國是世界強國，干涉外國事務多，全世界沒有一個國家像它能如此為了「世界和平」（？）而疲於奔命，光是透過它廣布在世界各地的情報工作人員種種事跡軼事，好萊塢電影題材就取之不盡，用之不竭。

好萊塢這類型的電影大抵都有小說原型，除了本篇介紹的諜對諜（Syriana）是根據美國中情局ＣＩＡ前幹員羅伯特．貝爾（Robert Baer）的回憶錄「看不見的邪惡」（See No Evil）所改編外，本書所介紹的另一部電影「蓋世奇才」（Charlie Wilson's War）也是改編自喬治．奎爾（George Crile III）的著作《查理的戰爭》；此外還有「恐懼的總和」、「獵殺紅色十月」、「迫切的危機」……等等，都是改編自有名的軍事小說家湯姆．克蘭西（Tom Clancy）的作品。但如何將這些故事背後所隱藏的錯綜複雜的國際政治問題爬梳清楚，忠實呈現，則考驗著電影編劇的研究功夫，如此拍出來的電影才不致失真與淺薄化，但顯然地美國電影工業對劇本的考據工作往往令人驚豔，許多電影傳達的深度，往往不下於一堂大學國際關係的課程。

行文至此不得不離題感嘆一下國內電影編劇問題，台灣的電影現在還是只能在日常生活題材作發揮，類型單一，一旦要涉及政治社經領域，往往因為基礎的研究工作不扎實，不但沒辦法批判，有時更是嚴重失真、荒腔走板。

石油利益大，美國黑手深入中東產油國內政

諜對諜所設定的背景是中東的一個產油國，由電影所呈現的內容很容易讓人猜出來是影射沙烏地阿拉伯。藉由該國油田的爭奪引發出美國利益、石油產業醜聞、王位爭奪與恐怖份子威脅……等種種矛盾，一般觀眾若對中東問題沒有初步瞭解，只是衝著喬治．克隆尼（George Clooney）這個大明星或是被片名誤導進入戲院的人，大概會失望這不是原本期望如〇〇七般的諜報動作片。其實這是一部內容嚴肅，劇情安排深具智慧與巧思的電影，因為是採多條故事線同時進行，背景橫跨歐、亞、美三洲，每段故事內容又飽滿深沉，場景轉換快速，看這部電影真的是需要專注、動腦筋去理解，因此觀影過程並不輕鬆。

一般電影的敘述方式多是採單線進行，這種方式較為典型，觀點也較為確定；而採多線進行的敘述模式，主要是為了製造懸疑性，因為在主題敘述之外，不同的故事，又給觀

眾創造出這些故事間因果關係猜想的觀影樂趣。此外，多線敘述模式也提供了不同觀點與解讀方式，最有名的是日本導演黑澤明的「羅生門」，同一個故事，但不同的人講述出來，則善惡顛倒，莫衷一是。諜對諜導演用四條故事線來討論油田爭奪的問題，四個主人翁，四種觀點，令人深思，雖是美國電影，但也狠狠批判了美國政府對中東內政的過度干預。而這也是片名 **Syriana** 的由來：據說這是美國華盛頓決策圈裡所用的一個詞，指的是美國操縱中東局勢以維護自己的利益，另一個比較細緻的說法是美國藉由在中東地區創造一個可以操控的國家來保持對石油的控制權。

「石油」是這部電影最重要的元素。石油是地球演化過程中所出現的獨特產品，是地球賜予人類的珍貴資產。我們可以說人類社會自工業革命以來所建立的所有成就都必須歸功於石化燃料。其實在十九世紀中葉之前，人類並不清楚如何來使用石油，直到一八五二年，一位波蘭化學家發明了更容易由石油提取煤油（當時主要的照明燃料）的技術，大大提升了石油的經濟價值。此後各地大量開採石油，這些早期開發的油田造就了許多後來的石油巨擘，如美國的洛克斐勒家族、英國石油、荷蘭的殼牌石油等等。二〇〇七年美國有一部由奧斯卡影帝丹尼爾．戴路易斯（**Denial Day-Lewis**）主演的電影「黑金企業」（**There Will Be Blood**），講的就是十九世紀末石油產業剛剛興起的情形。到了二十世紀初，內燃機正式問世，石油的重要性大增：以汽油為動力的交通工具比過去以煤為燃料的火車或輪船效率更高、機動性更強，人類社會的交通形態就此全面改觀。第二次世界大戰就是一場典型以石油為武器、並爭奪石油資源的戰爭：德國攻打蘇聯南部與日本進占印尼都是為了石油。今天產油量最高的沙烏地阿拉伯是在一九三〇年代之後才發現石油，但是這裡出產的石油產量高且品質穩定，很快就躍升成為全球石油主要的供應者。

二次世界大戰之後，全球的石油供應受到西方石油公司的壟斷，使得油價長期保持在平均一桶五美元的低價，同時世界各地的新油田不斷被發現，這些發展都讓當時人們普遍樂觀的認為石油是取之不盡、用之不竭的資源。直到一九七三年，阿拉伯國家與以色列之間發生第三次戰爭（又稱贖罪日戰爭），當時埃及總統沙達特（Anwar Sadat）為了防止西方國家支持以色列，請求阿拉伯國家以石油為武器來對付以色列及其盟邦。產油國立刻宣布對支持以色列的國家進行石油禁運，並大幅調高石油價格。這個決定讓全世界的油價立刻攀升四倍，許多原來仰賴石油進口的工業化國家受到嚴重打擊，是為第一次世界能源危機。此後世人瞭解石油再也不是廉價的能源，競相爭奪石油的結果，使中東地區淪為各西方石油公司競逐影響力的要地。

為控制波灣產油國家，中情局派員暗殺王位繼承人

故事的遠因是波斯灣王國繼承人納瑟（Nasir）王子為擺脫美國控制，將國家石油開採權以更高價轉給中國集團；這樣的轉變，導致長期主導波斯灣石油開採的美國康尼克（Connex）石油公司大受打擊，康尼克石油公司為了發展，尋求與另一家較小的奇林（Killen）石油公司進行合併，而奇林這家小公司剛獲得哈薩克石油開採權，因為哈薩克的石油蘊藏豐富，是兵家競逐之地，奇林公司只是家小公司，竟然能贏得如此大的合約，由於兩家石油公司合併後，將成為全球第五大石油公司，美國司法部懷疑奇林可能有違反公平交易的不法情事，因此主動介入調查，同時拖延兩家公司的合併案。

康尼克石油公司為應付司法部對奇林石油公司的調查，委託史隆懷汀（Sloan Whiting）法律顧問公司也介入調查，而史隆懷汀公司特別派出旗下對併購案最優秀的律師班奈特·哈勒岱（Bennett Holliday）私下調查奇林石油公司是否有違法取得哈薩克合約的事證，爭取比司法部早一步取得奇林公司的不法資料，讓公司得以及早因應，以確保併購案順利進行。

在地球的另一端，因為波斯灣石油開採權合約移轉給中國集團，原本由康尼克石油公

司僱用的巴基斯坦石油工人被解僱，失去工作的他們馬上面臨居留簽證被取消，被迫遣返的問題。為了留在波斯灣這個產油的富裕王國繼續打工，瓦金（Wasim）等這群年輕的外籍勞工只能到處找工作，但是貧窮又不會講阿拉伯語的他們（巴基斯坦人主要說烏爾都語），到處受到歧視，甚至動輒遭到警察毆打。在阿拉伯社會不被接納的這群年輕外勞，只有尋求宗教的慰藉，瓦金與他的朋友在清真學校逐漸被伊斯蘭教極端份子所吸收。

波斯灣產油國家因財富來得太容易，加上人口本來就少，開始從其他地區進口勞工。據估計沙烏地阿拉伯有二七〇〇萬人口，其中卻包括了八五〇萬的外國勞工（國籍是巴基斯坦與印度的比例最高），這些人大約占總人口的三成，非常驚人。想像如果這些勞工發動罷工，或是都要求成為合法公民，這個國家現存的所有制度就會立刻崩潰。因此沙烏地阿拉伯政府對待這些勞工的方式非常嚴苛，而他們的生活條件也相當惡劣，甚至沒有工作就要立刻被遣返。電影裡有一段刻意處理阿拉伯警察毆打外籍勞工的場景，就是為了突顯這種現象。

其實電影裡這個王國的大王子納瑟是一個滿懷理想抱負的人，他極力想將國家打造成在政治與經濟上獨立自主的進步國家，而不只是一個只依靠石油出口，受美國控制的禁臠。為彌補因為一次意外造成日內瓦能源分析師布萊恩（Bryan）幼子喪生的失誤，他聘請了布萊恩做為他的經濟顧問，原是補償心態，但因為布萊恩對於王國石油政策的建議，正與他追求國家經濟自主的理想不謀而合，布萊恩因此深為王子倚重。劇中由麥特．戴蒙所飾演的布萊恩是一位來自美國的能源經濟分析專家，在日內瓦的一家經濟分析顧問公司工作，對於能被納瑟王子看重，他也深覺興奮，真的以為能與王子大展身手，將現代的經營管理引進這個還是受西方宰制的石油王國，不過他終將發現這一切是海市蜃樓，縱然王子有心，還是抵擋不住美國的干預，改革功敗垂成。因為納瑟王子不受美國的控制，美國中情局又宣稱掌握到納瑟王子私下資助蓋達組織，攻擊美國，為防範納瑟王子接掌王位，中情局決定在王位決定前暗殺納瑟王子，在得知納瑟王子將到黎巴嫩貝魯特訪問，因此他們決定派遣長期在中東從事間諜活動的資深幹員巴布（Bob Barnes，喬治．克隆尼飾演）前往貝魯特暗殺納瑟王子。

像沙烏地阿拉伯這樣的產油國看起來很有錢，但整個國家的經濟結構其實非常脆弱。其能夠出口的產品主要是石油及相關產品，占總出口金額的九成，剩下的也只有椰棗。沙烏地阿拉伯目前仍然是世界上出口石油最多的國家，每天輸出的原油數量高達七十五萬桶（二〇一三年數字），但是只要油源一枯竭，這個國家就會立刻陷入危機。相信沙烏地國內一定有人知道這樣的發展方式潛藏危機，也有心改革，但是談何容易？筆者在美國讀書期間，曾經與來自科威特及阿拉伯聯合大公國的學生聊天，得知這些國家政府對於送學生出國留學十分慷慨，只要願意出國讀書，國家不僅會負擔就學期間的所有花費，連眷屬都享有高額生活津貼，但是他們都只能選讀工程、管理等應用學科，很少人會選讀政治、法律、經濟，或是基礎科學等科目，而且政府也不鼓勵，這等於是放棄培養對國家長遠發展最重要人才的機會。

在這裡就要順道提一下美國的角色。中東的幾個產油國過去都曾經受英國控制，但獨立之後對其影響最大的反而是美國。美國是第一個將石油廣泛運用在製造業、運輸業，以及消費性產品的國家，不僅發展出現代化的大規模汽車工業及其周邊產業，還以石油為原料發展出塑膠及合成纖維的技術。這使得美國一直是石油最大的消費國。據統計自一九五〇至一九七四年間，美國的人口數量約占世界總人口數的百分之六，但消耗的能源卻占全世界的三成。美國的生活方式，例如倚賴汽車代步、興建高速公路、大量製造便宜的消費性產品等等也成為其他國家仿效的對象。美國所用的石油主要就是來自像沙烏地阿拉伯這樣的國家。沙烏地的石油最早是在一九三八年由美國的石油公司鑽探成功，因此其早期利潤都由美國獨享，後來在一九五〇年沙烏地王室威脅要將國內的所有石油設備國有化，美國只好同意將石油收益與沙烏地王室對半分賬，此後沙烏地王室獲得鉅額的石油財富，而美國方面也因此保持對沙烏地石油的支配權。

外勞瓦金被伊斯蘭極端團體吸收

一直不被接納的外勞瓦金與他的朋友，這時卻有人對他們伸出友善的手，一位身著優雅長袍的埃及人穆罕默德（Muhammad Sheikh Agiza），不似其他阿拉伯人將瓦金視為次等人種，穆罕默德與瓦金他們踢足球、聊天，而瓦金與他的朋友也將穆罕默德視為兄長般尊敬。一日這位如兄長般的穆罕默德將瓦金與他的朋友帶到一間小倉庫，向他們展示一枚刺針飛彈。

這枚刺針飛彈在電影開始的時候曾經出現過。當時中情局幹員巴布的任務是到伊朗德黑蘭暗殺非法武器的走私者，並用兜售兩枚刺針飛彈的方式誘對方上鉤，但是交易後卻發現有一枚飛彈是被埃及人穆罕默德買走。這件事讓中情局高層大失面子，決定以升官的方式讓巴布封口，但是後來他因為不瞭解政治而失言，又被派遣到貝魯特進行暗殺任務，對象就是納瑟王子。

中情局幹員巴布被反間計設計

巴布前往黎巴嫩貝魯特後，先被矇着面帶去拜訪真主黨（Hezbollah）領袖，然後與一位叫做穆薩維（Mussawi）的殺手接觸。但是巴布並不知道穆薩維本身其實是為伊朗工作的間諜，導致他在暗殺行動未展開前就被擄走。被擄走的巴布慘遭被拔指甲的刑求，逼他供出每個曾拿過中情局錢的名單。這部分的劇情有段對白很有意思，在穆薩維對巴布刑求前，還特別說明中共專門對法輪功成員有三大酷刑，第一是蹲水牢，第二是將頭埋進糞堆，第三是拔指甲，每一項都很怵目驚心，顯然導演對中國的這些酷刑很不以為然。

電影裡這段中情局／黎巴嫩真主黨／伊朗三邊關係的情節有必要說明一下。我們都知道伊朗在一九七九年革命之後變得極度反美，因此對於美國（特別是中情局）的各種滲透手段深惡痛絕，因此穆薩維（以及其背後的伊朗情報單位）會用如此殘忍的手段對付巴布也就不難理解。真主黨是一個深受伊朗影響，但活躍於黎巴嫩的什葉派伊斯蘭團體，在該國有很大的影響力。真主黨的主要宗旨是「讓以色列從地球上消失」，因此被美國等一些西方國家認定為恐怖組織。但是在黎巴嫩境內，真主黨是一個合法政黨，在國會裡有席次，還擁有自己的軍隊。二〇〇六年以色列七月還曾經出兵黎巴嫩與真主黨作戰，戰事進行了一個多月，直到聯合國介入為止。因為真主黨在黎巴嫩有著巨大的影響力，因此巴布抵達貝魯特之後還得先去見其領袖「拜碼頭」；最後當巴布快要被穆薩維砍頭的時候，也是真主黨介入才讓其免於一死。

律師哈勒岱為求個人利益，出賣上司

而一直調查奇林石油公司是否有以非法手段取得哈薩克油田合約的哈勒岱，經過長期的調查，終於掌握奇林石油公司的高層匯款給哈薩克資源部長女兒支付瑞士貴族學校學費的匯款單，進而揭露出奇林公司巨款賄賂哈薩克官員的事實。這時哈勒岱陷入兩難，雖然他是康尼克的律師，但是基於職業道德，他不應隱藏客戶的貪污行賄的罪行，應該向美國司法部舉發。但是與這些石油公司合作，將是他晉身豪富階層的踏腳石，最後他決定隱瞞奇林公司的罪行，將行賄罪行完全推給奇林公司某高層的個人作為，以掩護奇林與康尼克兩公司老闆，哈勒岱以供出此代罪羔羊與檢察官做為交換條件，來爭取兩家公司能獲得合併的許可。但是檢察官不滿意，他要求哈勒岱需要再提供兩個代罪羔羊，這個案子才能合理結束。

受制於美國，納瑟王子被摘除王位繼承權

納瑟王子的改革開始引發美國的報復，美國政府凍結他的父親、也就是老國王在美國的資產，原因竟是他們在美國的親戚控告國王未按約定支付他們的生活花費。狄恩懷汀是史隆懷汀法律事務所的創辦合夥人，也是康尼克石油公司的法律顧問，同時是這個波斯灣王國許多王公貴族的法律顧問，他在華府極有權勢，他刻意拉攏較親美的納瑟王子的弟弟米什王子，對老國王施壓，逼他將王位傳給米什王子，意圖取消中國的合約，既老且病的老國王受不了美國的壓力，決定改指定繼承，將王位傳給米什王子。

美國出手，改革終是海市蜃樓

暗殺行動失敗的巴布，雖然苟延殘喘活了下來，但他回到美國，發現他竟然被司法調查，而中情局高層竟然將這項暗殺指令撇得一乾二淨，完全不認帳。最後巴布終於瞭解美國暗殺納瑟王子是為了保護自己在中東的利益，因為納瑟王子不會讓美國在他的國家建立美軍基地，但是他的弟弟米什王子願意，因此美國必須採取行動，但是行動失敗了，又怕如果被發現是美國派人暗殺納瑟王子，將會影響米什王子的繼承，更影響康尼克石油公司

與狄恩懷汀的中東利益，巴布也成了中情局高層眼中必須去之而後快的障礙。這時巴布才瞭解過去美國政府告訴他納瑟王子是攻擊美國的大壞蛋根本是天大的謊言。

而哈勒岱為了滿足檢察官的要求，決定與奇林石油公司合作，向康尼克石油公司舉發自己的上司過去在伊朗運油權安排的暗盤交易時，以法律顧問的身分從中撈了不少油水，藉此威脅上司成為這個案子的替罪羔羊，來向美國司法部交待，以換得康尼克與奇林兩家石油公司併購案的順利通過。就如哈勒岱所說：「這項併購案對美國消費者有利，所以司法部並不反對，聯邦法院沒意見，各方面樂觀其成……」、「大家只想看到伸張正義的幻覺，只要找到兩個代罪羔羊，就能滿足這種幻覺」。

充滿改革熱情的納瑟王子最後卻命喪美國之手
來源：Movie Stills Database 網站
http://www.moviestillsdb.com/movies/syriana-i365737

納瑟王子仍不放棄王位繼承的希望，他不斷遊說國內軍方支持他，也獲得軍方的多數支持，於是美國這邊決定擴大暗殺行動，策劃以導彈攻擊納瑟王子的車隊。巴布得知後，回到波斯灣趕去警告王子，但在巴布趕到時，導彈應聲而下，巴布與納瑟王子一家人雙雙被炸死在美國政府的導彈下。而同時在車隊中的布萊恩雖然倖免於難，但目擊這一幕，驚嚇震撼不已……。

電影發展至此，原本已經夠震撼了，不過還有另一條故事線此時才浮出檯面，也就是巴基斯坦籍工人瓦金。原本單純而孝順的瓦金在伊斯蘭極端團體的不斷洗腦下，決定為宗教獻身，他偽裝成漁民，乘坐攜帶炸彈的小漁船，義無反顧地衝向美國大油輪……。

瓦金所代表的正是那些近年來以宗教名義進行各種恐怖攻擊的自殺炸彈客。九一一恐怖攻擊事件後，西方社會注意到像蓋達（al Qaeda）這樣的恐怖組織會刻意招募處於社會底層的人擔任自殺攻擊任務。當然沒有人會無端去送死，而且這樣的行為在所有的國家都是不允許的，因此恐怖組織必須以宗教的方式來打動人心，將自殺式恐怖攻擊宣傳成神聖的殉道行為。在現實生活中倍受挫折而無所適從的移民工成為最理想的招募對象，對瓦金這樣的年輕人來說，為攻擊異教徒而自殺殉道不僅可以立刻上天堂，家人可以獲得一筆優渥的安家費，而且從此會成為後世崇拜的聖徒英雄。二〇〇〇年十月十二日，美國驅逐艦柯爾號（USS Cole）在停泊葉門亞丁港的時候，遭到蓋達組織以載滿炸彈的自殺小艇攻擊，艦身被炸開一個大洞，造成十七位艦上官兵死亡，三十九人受傷。這是美國歷史上第一起軍艦遭到恐怖組織以自殺炸彈攻擊成功的事件，也是蓋達發動九一一攻擊的前奏。電影裡最後的這一幕似乎就是從柯爾號驅逐艦攻擊事件得來的靈感。

好萊塢帥哥男星喬治・克隆尼在這部電影裡表現非常突出，他為了飾演巴布這個角色，還刻意增胖三十五磅，讓自己看起來更像中年男子，果然最後因本片獲得二〇〇六年奧斯卡金像獎最佳男配角，是該片在奧斯卡獲得的唯一獎項。其實巴布這個角色

2000 年美國驅逐艦柯爾號遭蓋達組織自殺小艇攻擊後的情況
來源：維基百科共享資源
http://commons.wikimedia.org/wiki/File:Defense.gov_News_Photo_001012-N-0000N-001.jpg

最早設定是由哈里遜．福特演出，但被他推辭掉了，後來哈里遜．福特在接受一個雜誌訪問時，說沒有答應演這部電影是他最後悔的決定之一。不過喬治．克隆尼在好萊塢電影圈裡向來就以自由派的政治立場而聞名，這種高度批判美國政府的電影題材還頗符合他的風格。

在電影的最後，康尼克與奇林石油公司在排除了納瑟王子這個大障礙，向美國司法部提出兩個替罪羔羊後，終於順利合併。他們也如願以償的趕走中國集團，重回波斯灣……。中東國家最終還是擺脫不了被美國及石油公司操弄的命運。

除了諜對諜之外，以美國與中東產油國關係為主題的電影還有二〇〇七年的「反恐戰場」（The Kingdom），這是根據二〇〇三年發生在沙烏地阿拉伯首都利雅德的一起真實恐怖攻擊事件所拍成的電影，由性格黑人男星傑米．福克斯（Jamie Foxx）主演，電影內容對於沙烏地王室內部的腐敗，以及極端伊斯蘭組織在當地活動的情形有相當寫實的描述。對石油產業及其背後複雜政治勢力運作有興趣的讀者，也可以閱讀美國石油研究權威丹尼爾．尤金（Daniel Yergin）的鉅著《石油世紀》（國內有中譯本）。該書自一九九一年在美國出版以來，不但在學界備受推崇，在美國暢銷排行榜上也名列前茅至今，歷久不衰。尤金也因此書獲得普立茲獎的殊榮。

8

二〇〇八年全球金融風暴背後的真實故事——大到不能倒：金融海嘯真相（*Too Big to Fail*）

如果我們沒有大膽迅速行動，我們將會重演三十年代的經濟大蕭條，只是這次會更加糟糕而已。

美國 HBO 影業
二〇一一年出品
來源：Impawards 電影海報網
http://www.impawards.com/tv/too_big_to_fail.html

大到不能倒（Too Big to Fail，縮寫 TBTF）是經濟學上的概念，是指企業規模大到發生破產危機時，將影響社會經濟的正常運作，迫使政府不得不出手相救，以避免社會產生更嚴重的損害，這種企業就叫做「大到不能倒」。顧名思義，這部電影是描寫在二〇〇八年金融海嘯時，美國政府面對所謂「大到不能倒」的華爾街金融巨獸陷入倒閉危機時，出手相助的過程。

當時美國引發的金融海嘯確實造成世界經濟大動盪，全球財富因此大為縮水，除了歐洲，亞洲四小龍因為金融開放程度高，與美國連結深，因此受創最重。二〇一一年香港電影「奪命金」就是描寫升斗小民受金融海嘯衝擊，為錢鋌而走險的各種面相，刻畫深刻，香港演員劉青雲還因此戲獲得金馬獎影帝。本文作者之一因為在立法院服務，當時就接到不少因為投資連動債損失慘重的陳情案，就像奪命金的劇情一樣，許多退休老人聽信理專（理財專員）的建議，將一輩子的存款都投資在完全不懂的連動債上，受金融風暴所累，投資在一夕之間只剩三成甚至一成，退休老本化為烏有，哀鴻遍野。那陣子不少立委都為了這類金融糾紛疲於奔命，政府還為此制定「金融消費者保護法」，就是要防範類似事件重演。

大到不能倒（Too Big to Fail）是 HBO 於二〇一一年根據紐約時報記者安德魯・羅

斯．索爾金（Andrew Ross Sorkin）所著同名暢銷書改編的電視電影。所謂電視電影（TV film, television movie）是指專門製播給電視頻道播出的影片，因為影片長度與規模、精緻度有如電影，所以叫做電視電影，像HBO本身就製作不少叫好叫座的電視電影供自己頻道播出，雖不在電影院播出，但延聘的卡司也不下於好萊塢，像這部「大到不能倒」就由「鐵面特警隊」（Untouchable）、「推動搖籃的手」（The Hand that Rocks the Cradle）導演柯提斯．韓森（Curtis Hanson）執導，由金像獎影帝威廉．赫特（William Hurt）飾演美國財政部長亨利（漢克）．包爾森（Henry "Hank" Paulson）一角，其他演員也都是好萊塢電影中的熟面孔。

安德魯．羅斯．索爾金是紐約時報資深財經記者，與當時美國財政部長包爾森、聯邦準備理事會主席班．柏南克（Ben Bernanke）、世界首富華倫．巴菲特（Warren Buffett）及華爾街各銀行高層熟識，透過索爾金對這些大人物近身觀察與訪問，逐步拼湊出金融海嘯發生當時美國政府如何透過各種檯面上下的運作，來做損害控管，以避免美國，甚至是全球經濟的崩潰。由於描寫絲絲入扣，加上將這段金融危機壓縮在有限的時間處理，影片看起來緊湊、戲劇張力十足，雖然沒有任何談情說愛場面，只有在華爾街大樓進進出出的開會場面，但是看到雷曼兄弟（Lehman Brothers）、美林證券（Merrill Lynch）、摩根史坦利（Morgan Stanley）這些領著巨額薪資的執行長們焦頭爛額模樣，還真是大呼過癮。

「美國夢」造成信用擴張，鑄下金融崩潰遠因

電影一開始即快速以幾段美國政府自雷根到柯林頓，以及小布希總統以降即不斷放寬金融管制的新聞片段，來交待這段金融海嘯形成的遠因，當時美國政府藉著降低金融管制、賦予銀行更多權力，逐漸製造出一間間具空前規模與全球影響力的金融機構，而這些金融機構就是接下來電影所要批判的對象。

美國在柯林頓總統執政時期，經濟欣欣向榮，為了實現所謂的美國夢，他推行一項「容易負擔的房屋政策」（affordable housing），讓原來不易取得房貸的人可以獲得房貸；到了小布希總統時期，他更加碼推動「特別容易負擔貸款」（special affordable loan），大幅降低貸款門檻，讓更多低收入家庭更容易取得貸款。當時小布希更宣稱：「……這個法案不僅符合國家的立國精神，同時也對美國經濟大有幫助」，而這些不符合優等房貸條件的貸款就叫做「次等房貸」（subprime mortgage）。由於政府政策的大力支持，加上金融監督機制的放鬆，美國當時房地產幾乎達到瘋狂程度，到處是買房、蓋房與賣房，股市不斷創下高峰，股市交易員、銀行家口袋美金滿滿。

讀者可能會問：為什麼沒有人想到要對這些金融機構進行管理監督？這跟過去二十年

來國際經濟秩序中的「自由化」主流思維有關。經濟自由化的思維讓許多國家政府放鬆對各種經濟活動的管制，鼓勵企業間的自由競爭與創新思維，因此只要能夠「獲利」的經濟行為都會獲得鼓勵。其實這套原則放在商品經濟的活動中沒有問題：一九九〇年代以來，以世界貿易組織（World Trade Organization）及亞太經合會（Asia Pacific Economic Cooperation）等國際經濟組織大力促使各國降低關稅、鼓勵企業競爭，以推展貿易自由化。這個策略讓全球貿易大幅增長，也促進許多地區的經濟發展。

但是這套「自由化」與「放鬆管制」的思維如果套用到金融業，可能就會出問題。金融業追求「創新」與「財富」的結果，是各類衍生性金融商品的出現。所謂衍生性金融商品，是由傳統金融商品（如利率、匯率、股價、指數、商品期貨或這些要素的組合）所衍生出來的交易契約。這些要素的表現將決定這類金融商品的價格與獲利。炒作外匯、買賣期貨等行為都算是衍生性金融商品，因此這本來就是金融市場運作的方式之一。但是就像賭博一樣，一場賭局下來有人賺錢就有人賠錢，一九九七年美國金融家索羅斯（George Soros）利用對沖基金（hedge funds）對亞洲數個國家的貨幣進行炒作套利，引發亞洲金融危機，但其基金卻大大獲利。

過去十多年來，華爾街這些大型銀行的賺錢手法是將房貸「證券化」，將這些證券賣給世界各地的投資機構，包括銀行、避免基金、保險公司、退休基金與各國的央行；而這些投資機構為了避險，又跟其他公司，尤其是美國國際集團（American International Group, AIG）購買「信用違約交換」（Credit Default Swaps, CDS）；而為了再避險，這些公司又跟其他公司購買新的CDS，如此一來，沒完沒了，但是銀行家們卻從中賺取了高額的仲介費用。但這些衍生性金融商品全都根源於「次等房貸」，一旦這些次等房貸繳不出來，下游的這些金融商品也都應聲而倒。

因此當美國經濟榮景不再，美國人開始繳不出貸款，許多房地產抵押公司倒閉，一開始是美國的龍頭公司之一，美國第五大投資銀行貝爾斯登公司（Bear Stearns）因巨額的不良資產債款，被迫以每股兩美元賣給摩根大通公司（JP Morgan Chase）黯然退場。但這只是風暴的開始，更巨大的金融機構雷曼兄弟控股公司才開始要面臨接下來更大的次貸危機。

雷曼兄弟面臨倒閉，財政部長與央行總裁圖謀挽救

結束了一連串新聞紀錄片，這時才正式進入電影劇情，由威廉・赫特飾演的美國財政

部長包爾森（在電影裡其他人通常以他的暱稱「漢克」叫他）滿懷心事地拿著望遠鏡觀察窗外盤旋的老鷹，一邊聽著電視評論員報導投資者大量拋售雷曼兄弟股票新聞，這時他接到雷曼兄弟執行長理察．傅德（Richard Fuld）打來的電話。傅德跟包爾森一開口就抱怨股市有人造謠生事，意圖影響股價，就像股市禿鷹一樣，但是包爾森不為所動，開門見山就說：「你的集資計畫是什麼？」這時傅德才結結巴巴的說他們有意找股神巴菲特投資，希望包爾森能幫他打個電話給巴菲特，但是包爾森拒絕，他表示身為財政部長，他不能為個別投資說項。

然而包爾森心裡明白，之前貝爾斯登的倒閉已經讓投資人對金融市場失去信心，如果雷曼兄弟再倒下，將造成更多銀行倒閉的骨牌效應，美國的金融將會崩潰，經過幕僚的分析，他也只能硬著頭皮親自打電話給巴菲特。

包爾森在成為財政部長之前是高盛投資銀行主席與執行長，本身就是華爾街金融巨頭的一員，非常瞭解華爾街的遊戲規則。但是因為這樣的背景，使得他在上任後他和他的幕僚（多數都是從高盛帶過來的人）對於外界質疑其應該迴避利益時頗為在意，電影裡有幾段關於這方面的對話。不過比較不為人知的是包爾森也是一位大自然愛好者，長期參與自然保育運動，還曾經與中國前總書記江澤民共同推動保護雲南省虎跳峽的生態。電影裡以他賞鷹作為開場可能也是要凸顯他的這些特質；但也可能暗示股市禿鷹的蠢蠢欲動。

雖然巴菲特被包爾森說動願意投資雷曼兄弟，但雙方卻因為收購股價談不攏而陷入膠著，傅德認為巴菲特開出每股四十美元的條件是個羞辱，因為房地產終究會回春，況且還有韓國公司有意願投資，於是拒絕了巴菲特的條件。但韓國人也不是省油的燈，他們也不肯承接雷曼兄弟那堆不良資產，最後兩筆投資案終告破局。

在財政部長包爾森與聯準會主席柏南克兩人每週例行早餐會上，柏南克對傅德拒絕巴菲特的提議感到不可思議，當時雷曼兄弟的股價已經持續下跌到二八點五元，柏南克說現在雷曼兄弟最首要工作是集資，包爾森表示目前有意收購雷曼兄弟的有英國巴克萊銀行與美國銀行，柏南克指出這項出售工作必須秘密進行，一旦走漏風聲，雷曼兄弟不到一個小時就會倒閉。

房地美與房利美岌岌可危，財政部焦頭爛額，無暇顧及雷曼兄弟

屋漏偏逢連夜雨，在與韓國公司的投資談判破局後，主要承做次級房地產貸款的兩大

公司房地美（Freddie Mac）與房利美（Fannie Mae）的股價也開始暴跌，簡直是宣告房地產市場的死亡。這時財政部與聯準會也瞭解，如果雷曼兄弟倒了，美林證券也岌岌可危了。在此同時財政部也準備了紓困法案，希望國會同意撥款援助，來穩住市場信心，但不到緊要關頭絕不動用，而聯準會也提議何不去找幾家主要銀行，提供金援。

房地美與房利美瀕臨倒閉事件不僅影響到美國，就是遠在地球另一邊的中國也受到波及，包爾森在參加北京奧運會的一場晚宴上，中國官員要求包爾森要好好處理房地美與房利美事件，因為中國也持有其數千億的股票，中國官員皮笑肉不笑的向包爾森提及他們婉拒了上個月俄羅斯的「中俄雙方毫無預警共同拋售數千億房地美與房利美股票，造成美國大亂」的建議。中國的說法讓包爾森捏了一把冷汗。

回到美國，在與聯準會主席柏南克討論後，包爾森決定動用公權力，由國家接管房地美與房利美公司，但是雷曼兄弟的問題仍未解決，因為在政府出手救助房地美與房利美後，尤其之前更金援了貝爾斯登，包爾森跟他的幕僚知道人民一定不願再花納稅錢去金援雷曼兄弟，於是他們決定要由其他投資銀行彌補這個資金缺口。

這次包爾森是吃了秤陀鐵了心，決心不再動用國家的預算去救雷曼兄弟，他要求國內幾家投資銀行共同解決雷曼兄弟破產危機，因為這次危機都是這些華爾街的投資銀行玩出來的，他要這些銀行承擔這個責任。因此在與柏南克討論後，他召集了摩根大通、高盛集團、摩根史坦利、美林公司與花旗集團等五大投資銀行執行長，利用一個週末，將他們聚集在聯準會的會議室，要求他們研商出解救雷曼兄弟的方法，沒有解決之前，就不放他們出來。包爾森向這五大銀行執行長表明，眼下有美國銀行（Bank of America）與英國巴克萊銀行（Barclays）是潛在的買主，但是除非有別的買家負擔其他剩下的不良資產，否則這兩家都不會收購雷曼，政府已經收了貝爾斯登這個爛攤子了，雷曼兄弟這個爛攤子，他要求這五家要搞定。這是一個很奇異的情境，在過去簡直是難以想像，因為美國政府從來不會如此直接介入商業活動，而且這些金融巨獸本身是競爭關係，但這次財政部長竟然要求這五家銀行去援助競爭對手。

所謂投資銀行，與我們一般認知上的銀行（也就是商業銀行）有所不同。商業銀行是透過儲戶存款與對企業放款之間的利息差額賺取利潤；但是投資銀行卻是經營直接融資業務的，例如為企業提供發行股票、發行債券或重組、清算業務，以從中抽取佣金；此外投資銀行還能向投資者提供證券經紀和資產管理服務，並在資本市場上進行投資或投機交易。美國的投資銀行在中國、日本等亞洲國家稱為證券公司，在歐洲稱為商人銀行。由於歐洲金融業在歷史上多採取混業經營，事實上獨立的「商人銀行」數量不多，大部分都是綜合性銀行或「全能銀行」，即同時經營商業銀行和投資銀行業務。

花旗銀行首先發難表示雷曼兄弟的倒閉與否，花旗都不會受什麼影響，為什麼要幫它？摩根大通也表示不滿，搞得好像是政府在幫他們！但是包爾森不客氣的挑明：「……我們會記住在場不願幫忙的人！」一句話，說得大家啞口無言。

雷曼兄弟資金缺口越算越大，令有意收購的美國銀行裏足不前；而另一方面同樣被納入拯救雷曼兄弟小組的美林公司，自己也開始拉警報了，因此明知財政部是要他們促成美國銀行收購雷曼兄弟，但為了自救，美林公司私下與美國銀行達成收購交易，雷曼兄弟就此出局。

在說服這些投資銀行願意出錢收購雷曼兄弟的不良資產後，英國巴克萊銀行也終於同意收購雷曼兄弟，包爾森大大地鬆了一口氣，豈料英國金融服務管理局不同意這項併購案，英國財政大臣更以「我們不想進口你們的癌症！」刻薄地回絕了包爾森的遊說，讓包爾森為之氣結！這時雷曼兄弟的破產已經是無可挽回了，美國財政部決定要求雷曼兄弟自行宣布破產，以免不確定的訊息在市場蔓延，造成股市的動盪不安。

美國國際集團（ＡＩＧ）巨額虧損，全球金融大震盪

但雷曼兄弟僅是冰山的一角，美國金融這時才真要撞上大冰山，美國國際集團（ＡＩＧ）也傳出驚人的巨額虧損，而這個集團最恐怖的是全世界有一半的銀行都跟它有關係，因為只要擁有垃圾抵押貸款的銀行，為了避險，都跟美國國際集團投保，而這些收垃圾抵押品的銀行，都是認為房地產價格絕對不會下滑，才會這麼寬鬆放貸。

雷曼兄弟的倒閉讓包爾森感到灰心，因為這是美國第四大銀行，卻在他手裡終結。但財政部不金援雷曼兄弟，任其倒閉的做法，卻獲得人民與國會的支持，因為人民認為政府終於有強勢的作為了，股市也僅有微幅下跌，這讓包爾森團隊以為他們度過了難關。但好景不長，股市開始大幅下跌，高盛與摩根史坦利被擠兌，更嚴重的是ＡＩＧ的問題被提前引爆。法國財政部長也打電話大罵包爾森怎可讓雷曼兄弟倒閉，因為這會讓整個歐洲造成災難性後果，而ＡＩＧ的情況會更糟糕，對歐洲銀行影響更大，她要求包爾森保證絕不會讓ＡＩＧ像雷曼兄弟一樣破產，因為這不只是美國問題。

雷曼兄弟的破產果然引爆一連串效應，每家投資銀行股價都大幅下跌，投資人紛紛撤資，就連世界最大工業製造公司奇異公司的總裁也打電話給包爾森抱怨銀行都收緊銀根不

願貸款，這已經影響到公司的正常營運了，如果連奇異這樣財務正常的公司都如此，美國每一個企業都會關門。在電影裡有一段包爾森夜裡失眠，在院子裡和太太的對話，這段話點出金融體系的脆弱性：

世界上沒有一間銀行金庫裡有足夠的錢讓存款人領取，都是建立在信任上。……摩根史坦利、高盛已經在邊緣了，如果其他銀行不再信任他們，如果他們撤回銀行同業貸款，整個體系幾個小時內就會瓦解，到時候整個情勢就會無法控制。我不是指一間銀行，而是整個體系。普通人都在想：我的錢安全嗎？他們就會開始提領現金，銀行外面開始排滿了人，連提款機也不放過，幾個星期之後，銀行就什麼都不剩了。

包爾森終於決定出面干預，由聯準會出手，接管美國國際集團百分之八十的股權，但是他的幕僚反對，因為這樣沒有經過立法程序的紓困，人民會反對，國會也會反對，但是包爾森說此次的情況不同，美國國際集團和雷曼兄弟不同，美國國際集團有資產，在紐約裡有它的大樓，有八千一百萬份的保險單，總共價值一兆九千億美元，以及數十億美元的教師退休金，到處都是，想知道什麼是大到不能倒？就是這種！

財政部金援美國國際集團，其他投資銀行仍岌岌可危

為了金援美國國際集團，美國財政部必須有一套說法向美國大眾說明，這下子可難倒了發言人，因為這個過程實在太複雜了，而且要有一些基本的金融知識才能瞭解，如何用最簡單的語言來讓人民瞭解，實在是不容易，在影片這段，包爾森教他的發言人如何說明這個次貸風暴的過程，倒是簡明扼要：

幕僚A：華爾街把房屋貸款與抵押貸款證券包裝在一起，把這些賣給投資者，而且也賺了大錢，所以他們開始向貸款人推銷說，快點，我們需要更多貸款。

包爾森：但貸款人已經給信用良好的借款人放款了，所以他們胃口越來越大，降低他們的貸款標準。

幕僚B：在以前要六百二十的信用評分，和百分之二十的頭期款；現在就降到五百，而且不需要頭期款。

幕僚A：因此民眾都以為這些專家們知道他們在做什麼，他就對自己說，如果銀行願意貸款給我，我一定能負擔，所以他實現美國夢，他買了房子。

幕僚B：銀行知道狗屁貸款證券是有風險，為了控制風險，銀行開始買某種保險。

幕僚A：這種保險就是如果貸款逾期支付，保險公司付錢。

幕僚Ｂ：就是「違約交換」；銀行將投保的潛在損失風險移出帳面，好讓他們能投資更多，賺更多錢。

包爾森：當很多公司投保這類保險，就有一家蠢蛋公司要承擔幾乎難以置信的風險金額……

女發言人：美國國際集團（ＡＩＧ）！他們幹嘛那樣做？

幕僚Ａ：手續費！

幕僚Ｂ：數億的手續費！

包爾森：美國國際集團認為房產市場會持續上升，但意想不到的事情發生了……

幕僚Ａ：房價下降……

幕僚Ｂ：可憐的混蛋買了夢想的房屋，但低利貸款沒了，他的付款金額增加，貸款就付不出來了。

包爾森：因為抵押貸款證券太多，美國國際集團必須償付信用違約交換，所有金融機構，全世界都是，同一時間發生！

幕僚Ａ：美國國際集團付不出錢，就要倒閉。

幕僚Ｂ：向他們投保的每一間銀行，在同一天都形成巨大的損失，然後他們全都會完蛋，全部倒閉。

包爾森：整個金融體系！當有人問我們為何沒有監督，我該如何回答？

包爾森：（搖搖頭）沒人想要監督，因為我們賺太多錢了！

最後美國聯邦儲備局宣布向美國國際集團提供八百五十億美元的緊急貸款，以避免該公司因為資金周轉問題而倒閉，後者立刻宣布接受，這是美國歷史上由政府收購私人公司事件中最大宗的交易，但是危機並未解除，摩根史坦利與高盛兩家投資銀行岌岌可危。此時紐約儲備銀行主席蓋特納（Timothy Geithner，他後來成為美國的財政部長），向包爾森提出一個建議，嘗試讓這些快要破產的投資銀行與商業銀行合併，使其成為受聯準會監管的普通銀行，並且能夠直接動用存戶的錢，等於有個現成的貼現窗口。包爾森覺得這樣風險太大，因為會讓這些銀行變得非常巨大，但是還是讓蓋特納放手一試。豈料商業銀行根本不敢碰這些燙手山芋，最後功虧一簣，沒有一個併購案成局。不過摩根史坦利與高盛兩家投資銀行最後決定向聯準會申請轉型為銀行控股公司，此舉讓這兩家銀行能夠受到更多的監管，也比較容易集資。

繞了一圈，財政部還是得自己想辦法解決問題，向美國國會要求直接撥款紓困。包爾森和幕僚商議出一個七千億美金的「不良資產救助計畫」（TARP），在眾議院金融服務委員會上，國會對於財政部要花這麼多錢紓困銀行，而且空白授權，沒有任何監管機制，感到不以為然，但是財政部長包爾森開宗明義：我們已經沒有時間了，我們要在今晚發表聲明安撫市場，要在下週通過法案，正當委員們遲疑不決，聯準會主席柏南克這時發出暮鼓晨鐘的警言：「在我整個學術生涯，一直都是研究美國經濟大蕭條，大蕭條的開始可能是因為股市崩盤，但衝擊整個經濟系統是由於信貸瓦解，普通老百姓借不到錢，做任何事，去買房子、創業、進貨，信貸有能力建立現代化的經濟；缺乏信貸將迅速徹底摧毀經濟；如果我們沒有大膽迅速行動，我們將會重演三十年代的大蕭條，只是這次會更糟糕而已，我們現在不通過，下星期一就沒有經濟體系了。」雖然柏南克這席話，鏗鏘有力，但因為這筆金額太大了，仍然無法說服國會。

為了讓法案通過，包爾森不惜和當時共和黨籍參議員與總統候選人麥侃（John McCain）爭吵，還對在野黨民主黨眾議院領袖佩洛西（Nancy Pelosi）下跪尋求支持（在電影中都可以看到這些政治人物的身影）。不過縱然獲得民主黨支持，但在第一次投票時，反而是敗在自己執政的共和黨手中，包爾森的方案就連自家人都不支持，這時白宮決定要施加更大的壓力在國會。最後這個提案在十月三日眾議院第二次投票通過。

政府出資挽救，金融海嘯過後，這些銀行「大到不能倒」

不過現在包爾森還有一個難題，雖然國會通過了挹注銀行資金的提案，但直接收購不良資產緩不濟急，他們決定調整策略，同時直接挹注銀行資金，讓銀行有錢來放貸，藉以穩定金融市場。問題並不是所有銀行都需要這些資金，有些銀行財務健全，根本不需要政府挹注，但是政府的做法一定要全部挹注，包爾森找來全美前九間最大銀行，要求他們接受政府的資金，因為只要某些銀行接受資金挹注，就會成為一種訊息，表示這間銀行無法存活，市場就會把它吞噬，金融市場秩序會更混亂！但是這些銀行的執行長關注的可不是這個，他們關心的是一旦接受政府的挹注，就必須接受政府的監督管制，像是員工薪資，尤其是他們這些領著超高額薪資與紅利的執行長等等，而華爾街執行長支領動輒數千萬美金的年薪，向來為人所詬病，尤其讓人所難以理解的是，不管是在經濟榮景，或是股市崩盤，這些執行長的薪資與紅利都是令人咋舌的高！聽到這些執行長的抱怨，包爾森反脣相譏：你只是在關心你的紅利而已！柏南克語

聯準會主席柏南克（左）、小布希總統（左二）、財政部長包爾森（右二）在金融風暴發生時出席白宮記者會並說明對策（2008 年 9 月 19 日）
來源：維基百科共享資源
http://commons.wikimedia.org/wiki/File:President_Bush_Discusses_Economy_2008-9-19.jpg

重心長的對這美國十大銀行的執行長們耳提面命：「國家正面臨經濟大蕭條以來最糟的經濟局勢，如果金融體系崩潰了，每個人都沒得玩了！」在柏南克一席話後，這些銀行勉強同意政府的紓困措施，但是他們是否會如包爾森與柏南克所期許，真的把這些錢放貸給人民？

電影最後的字幕顯示：在TARP法案實施後，各間銀行還是緊縮了貸款，房屋市場仍在下跌，失業率上升到百分之十；上百萬家庭喪失抵押贖回權，而失去房子，在二〇〇九年，恐慌的市場逐漸穩定，各大銀行也償還TARP給予的資金。不過在二〇一〇年，華爾街員工的薪水總額仍然高達一千三百三十億美元，十間大銀行擁有全美銀行總資產的百分之七十七，他們被宣稱大到不能倒。實在有夠諷刺！

雖然這部電影主要的內容是描述二〇〇八年九月間的美國金融危機，特別是財政部長包爾森、聯準會主席柏南克、紐約儲備銀行主席蓋特納以及他們的幕僚們與華爾街銀行家之間的互動，但是這場危機其實是自二〇〇七年開始席捲全球之金融海嘯的一部分，對全世界各地都有很大的影響。二〇一〇年有一部名為「黑金風暴」（Inside Job）的紀錄片對這場危機有很詳盡的描述（該片由麥特・戴蒙（Matt Damon）進行旁白口述）；同年好萊塢有一部由班・艾佛列克（Ben Affleck）、湯米・李瓊斯（Tommy Lee Jones）和凱文・

柯斯納（Kelvin Kostner）主演的劇情片「從心出發的日子」（The Company Men），講的是受金融海嘯波及的中年失業者試圖重新振作的故事，有興趣的讀者可以參考一下。

9

美日關係與一九四五年東亞國際新秩序的起點
——日落真相（*The Emperor*）

殿下，我需要你的幫忙，看我們要怎麼做，才能重振日本。

美國／日本合資拍攝
二〇一二年出品
來源：日落真相電影官網
http://www.emperor-themovie.com/

跨文化電影，受限於文化差異與隔閡，製作不易，也難獲好評。早期的好萊塢，在白人至上主義下，雖演的是東方故事，但主要角色還是由白人扮演，許多叱吒一時的大明星都曾粉墨登場扮演亞洲人，例如四屆奧斯卡影后凱薩琳・赫本在一九四四年的「龍種」（Dragon Seed）飾演中國婦女、牛仔英雄約翰・韋恩在一九五六年的「成吉思汗傳」（The Conqueror）飾演成吉思汗，當中最著名，也最成功的是一九五六年音樂劇「國王與我」（The King And I），當時飾演暹羅國王的尤・伯連納（Yul Brynner）更因此劇一夕成名。但是這些電影縱然拍攝得再精良，演員再出色，從亞洲眼光來看，怎麼看就怎麼彆扭，頂多是迎合西方獵奇的口味罷了。

不過這種偏見，隨著時代的推移也漸漸地改善，在觀眾品味轉移與外國市場考量下，過去李代桃僵，以白種人演黃種人的情形，已不再復見。現在電影講究角色真實，許多亞洲演員都可以在好萊塢主流電影中擔任主要角色，例如「最後武士」的渡邊謙、真田廣之，或是「藝妓回憶錄」的章子怡與楊紫瓊。不過這些電影總歸來說，還是西方觀點的東方，在我們的眼裡總是隔靴搔癢，終難深刻。

雖然跨文化電影吃力不討好，但也有一些佳作，例如導演克林・伊斯威特（Clint Eastwood）在二〇〇六年同時執導的「硫磺島的英雄們」與「來自硫磺島的信」，兩片同樣以硫磺島（Iwo Jima）戰役為背景，前者是美軍的觀點，後者是從日軍的觀點闡述這場戰役。克林．伊斯威特雖是美國導演，但在「來自硫磺島的信」中，他忠實地描繪日軍面對戰爭死亡的各種面相，沒有誇耀或扭曲武士道精神，只有呈現日軍在戰火之中，人性最真實的一面，從中發展出跨越種族的反戰精神。而「日落真相」也是一部以較理解的角度觀察日本人與天皇的情感，同時也是極少數探討日本天皇戰爭責任的電影。

廣島原子彈終結第二次世界大戰，讓天皇走入凡塵

「日落真相」以一九四五年八月六日美國在日本廣島投下人類第一顆原子彈紀錄片為影片楔子，紀錄片中高聳的蕈狀雲帶來史無前例的破壞，讓已是強弩之末的日本更覺絕望，屈辱地宣布投降。

戰後的日本殘破不堪，但是昭和天皇仍被日本人民尊奉為神，決定日本天皇的去留，成為美國政府的燙手山芋，天皇是否是日本發動戰爭的主謀，成為定罪的依據，為此美國派盟軍總司令麥克阿瑟（Douglas McArthur）前往日本，一方面進行接管，一方面對天皇展開調查。

讀者可能認為：講二戰日本戰爭責任的電影和今日的國際關係有何關聯？戰爭是國與國之間衝突最激烈的形式，而第二次世界大戰更是人類歷史上死亡人數最多的戰爭，死亡的人數高達五至七千萬人。因此在戰爭結束後，追究戰爭責任是恢復國際秩序、實現公平正義的必要手段。但在二次大戰結束後，日本昭和天皇並沒有被送上遠東國際戰犯法庭，而是繼續擔任日本的國家元首直到逝世。戰勝國美國為何這麼做？其背後真正的原因為何？而美國選擇了保留天皇之後，對於後來的日美關係有什麼影響？這些問題的答案都藏在這部電影裡。

在前往日本的軍機上，麥克阿瑟接獲華府的消息，將有兩千名皇軍迎接他，幕僚擔心當地美軍只有一百名，深怕寡不敵眾。但只有費勒（Bonner Fellers）准將堅定的回應麥克阿瑟：「日本天皇在一個月前，……命令國人投降，……我不懷疑人民對他的效忠。」費勒一席話打動了麥克阿瑟，既然天皇已經下詔要求人民不要再反抗，美軍這方的接管作業不致遭到太多困難，因此麥克阿瑟回覆華府不必擔心，這樣的人力就已足夠。從麥克阿瑟的決策看來，他似乎對日本文化也早有研究，他也深信天皇對日本子民的影響力，這也反應出他日後對日本天皇的處理態度，他曾經向杜魯門總統報告，如果要用死刑處理日本天皇，則將要再派一百萬的美軍到日本維持秩序。

美國軍機抵達日本海軍厚木機場，麥克阿瑟在機上好整以暇，要求下屬不帶武器下飛機。在這歷史性的一刻，麥克阿瑟戴著太陽眼鏡，以一身卡其軍便裝，手拿著他的招牌玉米芯煙斗，一個人從容不迫地步下飛機，美方沒有安排任何盛大迎接儀式，麥克阿瑟就這樣輕鬆地進入日本，完全展現美國的自信與大國風範。這戲劇性的一幕，根據日本資深媒體人半澤一利所著《昭和史》一書所形容：「這個人不簡單，不愧是軍人中的軍人啊！」

麥克阿瑟將軍抵達厚木機場的歷史照片
來源：維基百科共享資源
http://commons.wikimedia.org/wiki/File:MacArthur_arrives_at_Atsugi;ac01732.jpg

迎接麥克阿瑟的車隊緩緩駛出機場，日本兩千名皇軍擺出如迎接日皇般崇高儀式，雖是戰敗國，日本皇軍昂藏氣勢，讓麥克阿瑟也不得不嘆道：「平常的投降可不是這種陣列！」盟軍總司令部總部設在東京，位在皇居對面，在二戰末期，美國曾對東京採取大轟炸策略，而皇居是少數未受波及的建築物。在此處鏡頭特別隨著費勒准將的視線，遠眺皇居，典雅的二重橋仍穩穩地的矗立在護城河上，皇居美得像幅畫，絲毫不見戰爭的摧殘，對比東京的殘破，更顯天皇的地位牢不可侵犯。

逮捕戰犯，蒐集證據，向天皇究責

美國接管的工作如火如荼地展開，深受麥克阿瑟倚重的費勒准將，在麥克阿瑟的指示下，執行逮捕並審判數十名甲級戰犯的任務，而這些戰犯都是昭和天皇的親信。除了是麥克阿瑟的重要幕僚，費勒這次前來日本，也想趁機找尋他的日本情人——綾。而電影就在對日本天皇究責與找尋綾的過程兩條軸線推展開來，看似兩個故事，但卻是互為因果。

如同麥克阿瑟所擔心的，在逮捕戰犯過程中，一定會有人以死明志；在逮捕頭號戰犯首相東條英機時，他果然舉槍自盡，不過因為並未射中要害，因而苟活下來。

有關東條英機自殺未遂一事，當時的日本多有嘲諷，因為在戰時，東條英機曾以首相兼陸軍大臣的身分頒布「戰陣訓」，當中有一項「惜名」，主要內容是「活著不能接受被俘虜囚禁的侮辱，死了也不能留下罪過禍害的壞名聲」，就是因為寧為玉碎，不為瓦全的心態，讓許多士兵寧死也不願投降被俘，他們或殊死抵抗，或是自殺，導致了許多不必要的死亡。而東條英機在戰敗後沒有馬上自殺，在美軍逮捕時又自殺未遂，這種苟且偷生、矯情的作法，讓許多日本人覺得是恥上加恥。

「日落真相」是一部寫實的電影，人物與情節都盡可能符合當時的歷史。劇中主角費勒准將是麥克阿瑟的軍事幕僚，他在戰爭期間曾在菲律賓負責心戰部門，但因為戰前與日本貴格教派（Quakers）信徒有所來往，算是美軍中少有的知日派。

費勒順利逮捕到二十六名戰犯，其他的都自殺身亡，這時麥克阿瑟表示，由於美國總統將天皇從保護的名單中移除，因此司法部希望將天皇當成戰犯來審判，而且要求在十天內，必須查明天皇在戰爭期間扮演的角色。麥克阿瑟知道日本天皇這件事若處理得不好，不但會葬送自己競選美國總統的機會，也可能將日本推入萬劫不復之地。麥克阿瑟單獨召來費勒，在他面前不掩飾他對日本的陷落感到不勝唏噓，他對費勒直言：「大家對於天皇的命運有強烈的共識，但這對我來說沒有狗屁意義！我的任務是重建日本。」他向費勒分析，如果抓了天皇，將會面對日本人民的集體自殺，有人還可能公然反抗；如果讓天皇受審，可能會在錯誤的時機引燃火藥。麥克阿瑟向費勒抱怨，華府為了討好選民，想拿天皇作祭，但如果除掉天皇，共產黨會趁隙而入！費勒苦笑道：「阻擋共產黨是這時代的苦難啊！」麥克阿瑟果決道：「費勒，這是你的苦難！」麥克阿瑟要求費勒一人擔負起天皇的調查責任，因為只有費勒最瞭解日本，對日本的分析也最正確，他要費勒在期限內做出對天皇的赦免、廢黜或是逮捕的決定，寫成報告交給他做最後的決定。

天皇的戰爭責任不是非黑即白，難以一言道盡

承接麥克阿瑟交付的重任，費勒從盟軍總部出來，在東京街頭踽踽獨行，戰時的東京在美軍大規模轟炸下，變成世上最大的火葬場，那次的空襲讓十萬人葬身火窟，費勒走在彌漫著焦腐屍體臭味的城市裡，他心知，此時的日本搖搖欲墜，日本人的怨恨隨時都能衍生成反抗，天皇的命運可能就是導火線。

滿懷心事的費勒，不禁又回想起一九三二年在美國道格拉勒頓大學校園初遇綾的那一天，之後他們一起參加舞會，綾因為害羞，只願在花園的一隅單獨與費勒共舞。但是追查綾的下落卻是令人失望的，經過調查，綾在東京的住址與在靜岡代課的學校都遭到轟炸，綾的下落不明，費勒只能聯絡她的叔叔鹿島將軍查知綾的消息。

調查天皇罪行的工作持續進行，美軍蒐集了所有與天皇接觸過的重要人物，但是時間有限，不可能全部審訊，只有重點擊破，費勒決定前往巢鴨監獄審訊東條英機。費勒以處死天皇為要脅，要求他直接交出三個與天皇關係最密切的人物，但是東條英機卻只供出近衛文麿。出身貴族世家的近衛文麿是東條英機之前的首相，家族勢力龐大。費勒拜訪近衛文麿，近衛文麿與費勒的問答高來高去，若有似無，若不仔細品味，實瞧不出近衛的真實語意，也只有費勒這樣的日本通才能深得箇中精髓吧！

費勒：「你跟天皇熟識嗎？」

近衛：「跟任何人熟識陛下的程度一樣。」

費勒：「他反對戰爭嗎？」

近衛：「陛下反對所有戰爭，他生性和平溫和。」

費勒：「但他卻批准攻擊珍珠港。」

近衛：「東條與軍國主義掌權後……陛下就被捲進來了，那是整個民族的妄想……」

費勒：「他有能力阻止嗎？」

近衛：「我不知道，我那時不掌權了，……，我們依舊能阻止這件事，但軍國主義者沒有興趣。」

費勒：「所以發動戰爭天皇的確有責任。」

近衛：「將軍，這種事非黑即白……」

……

近衛：「我唯一確知的是，戰爭期間，日本陷入狂熱，我是狂熱的一份子……將軍，你要的我給不了，你必須去跟木戶幸一談。」

這段對話，近衛文麿雖未直接給費勒答案，但卻直指這場戰爭是整個民族的妄想與狂熱，如果就連最想避免衝突的近衛文麿都陷入了，在權力核心的天皇能不捲入嗎？

內大臣木戶幸一是天皇最親信的大臣之一，在戰爭期間一直跟在昭和身邊。費勒費盡心力與木戶幸一聯繫，卻始終不得其門而入。但是要瞭解日本天皇對戰爭的態度，也只能從他身邊的近臣瞭解他的意向。調查工作受阻，讓費勒倍感壓力；但綾與她的叔叔鹿島將軍下落至今仍是生死不明，更讓他心緒不寧。

在大戰未開打前，費勒有一段時間追隨綾的腳步到日本，當時日本的軍方已經開始排美的政策，在教育上教導孩童仇恨美國人、減少英文教育，綾的父親更是禁止她與美國人交往。而綾與費勒兩人並肩走在日本街道上，費勒會被日本小孩丟石頭，雖然阻礙重重，但仍阻擋不了費勒與綾兩人的熊熊愛火。當時費勒正在撰寫日本軍人心態報告，但一直難以下筆，為解決費勒的困擾，綾介紹她的叔叔鹿島將軍給費勒。當時費勒曾問過鹿島：「天皇在日本軍人心中扮演什麼角色？」鹿島將軍以堅定的眼神看著費勒回道：「天皇是日軍優於美軍的理由，日本跟美國打仗會贏，因為我們追隨的是他的神意！」

內大臣木戶幸一避不見面，費勒決定約談副相山之三郎（此處電影翻譯似不夠精確，此人應該是關屋貞三郎，他的職稱應該是宮內次官），辦公室在皇居的副相山之三郎為天皇最親近的臣屬之一。雖然是戰後，皇居在日本人民心中仍是神聖不可侵犯，禁衛森嚴，但是靠著麥克阿瑟將軍一張個人便簽，就讓費勒長驅直入，這一幕足見麥克阿瑟當時在日本的影響力有多大！但拜訪山之三郎並沒有任何進展，在費勒質問山之三郎，天皇是否下令偷襲珍珠港時，山之三郎悠悠地在費勒面前吟誦了一首戰前三個月在一場皇族會議時，天皇背誦的一首祖父寫的短詩，大意為：我等希望世界的海洋能和平連結，何以狂風與海浪憤怒地掀起？山之三郎的回應，讓費勒感覺是對牛彈琴；但是山之三郎認為天皇的這樣表意，已經是特別勇敢，因為天皇通常不會直接表達己意！日本這種百轉千迴的表達方式，就連費勒這種日本通也失去耐心。

調查工作處處受阻，費勒倍感灰心，他不禁回想起鹿島將軍跟他提到要瞭解日本，必須知道「建前」與「本音」的意義，鹿島將軍跟費勒解釋道：建前是事物的表面樣貌；

本音是事物內在本貌。你看到的日本，是亞洲最現代西化的國家，但那是建前，也是表面；而本音才是日本真正的心跳，這超過二千年之久，與西方無關，日本遵循的是，忠誠服從的古武士道精神。回想至此，費勒恍然大悟，他在書桌前，開始奮筆疾書，他寫下：

「在經過徹底評估後，我找不到天皇免罪的證據，身為國家元首，昭和天皇難辭其咎！我沒有選擇，只能做出這個結論，他必須被視為太平洋戰爭的參與者與教唆者。逮捕並審理天皇或許會導致日本極度不安，但這卻有其必要。」

對歷史電影有興趣的讀者應該有看過關於二次世界大戰德國戰敗前夕的電影「帝國毀滅」（**Der Untergang**），這部電影描述在納粹德國戰敗前幾週，希特勒和其幕僚在柏林碉堡內如何做困獸之鬥的過程。其實在電影出現之前，世界輿論對於希特勒的印象是將他描述成一個喪心病狂的「狂人」、「魔頭」，但是在電影裡，希特勒看起來就跟一個普通人沒什麼兩樣。他對女性非常有禮貌，也能很理性的討論事情（包括和幕僚討論怎麼自殺），但他有時候非常偏執，也不太能控制自己的情緒。這部電影推出後，很多西方觀眾對於鏡頭下的希特勒不是一個瘋子很不以為然。也因為戰爭的「發動者」希特勒自殺身亡，加上柏林被蘇聯軍隊徹底攻陷，德國立刻就投降了。但是日本的情形卻不盡相同：一直到戰爭的最後階段，日本本土並沒有被盟軍占領；美國投下的原子彈的確是促成日本投降的關鍵因素，但是接受投降到底還是日本自己的決定，那是誰有權做出這個決定？日本雖然是西化的國家，它學習著西方的科技與政府體制，但這僅是「建前」，他們的「本音」還是忠於天皇，而天皇這個有權要求日本投降的人，當然也是有權發動戰爭的人，這時日本天皇有沒有罪其實已經昭然若揭。

保住天皇，是美國與日本的最大利益

在費勒寫完報告後，避不見面的內大臣木戶幸一突然造訪，他向費勒娓娓道出在八月九日深夜召開了一場研議投降會議，當時東京陷入火海，與會的大臣有三位反對投降，三位贊同投降，相持不下，最後天皇開口了，表示想接受投降的條件，希望大家能同意。天皇知道軍中的狂熱份子一定不願接受投降，於是他決定向人民廣播他的意願，他做了錄音，準備送到東京電台廣播，雖然皇居隨後被軍國主義份子血腥攻擊，但是這份錄音還是在天皇堅持下廣播了出去，日本也因此投降。他向費勒表示，天皇或許被視為神，事實上形同虛設；他才是膽敢對抗軍國主義，結束戰爭的人。不過這只是木戶片面之辭，他並不能提出任何證據，費勒對他所言，也是半信半疑。這段歷史後來在許多描述日本投降過程的書中都有提到。也就是說，當時內閣對於應該要投降和繼續作戰僵持不下，最後是天皇作出「聖斷」才讓戰爭結束。因此不管昭和是不是發動戰爭的元兇，但至少他是日本最後決定投降、接受和平的關鍵人物。

費勒終於得到鹿島將軍的消息，他前往拜訪獨居在鄉間的鹿島，這時他也知道綾在戰時過逝的消息，他捧著綾在戰時寫給他的信痛哭。鹿島也遠不如戰前容光煥發，他一臉衰老憔悴，談著他在戰時的經歷，他大嘆戰爭使日本軍人失去人性，日本人為了理想可以完全無私的奉獻，但也會為了同一個理想，變成無情的武士，犯下不能說出的罪行。鹿島告訴費勒他不知道天皇是否有罪，但是天皇承受巨大壓力，做出勇敢決定，帶領日本走向和平。

在經歷了木戶與鹿島的兩人證詞後，費勒修正了報告結論，他指出在天皇的命令下，七百萬士兵放下武器，這個作為，讓美國免於幾十萬人死傷，他參與戰爭與否不得而知，但他在結束戰爭扮演決定性角色，無可異議。如果天皇因戰爭罪行受審，政府結構將會崩潰，民間暴動與混亂流血也將無可避免，則美國未來必須動用上百萬美軍維持和平，總而言之，日本人民承受莫大的痛苦，拋開所有其他考量不說，為了替日本人民牟取利益，他強烈建議容許天皇繼續皇位，領導人民。

劇情發展到這裡，美國為何不將天皇送上戰犯法庭的理由已經很明顯了：為了有效統治戰敗的日本，美國必須找出一個能夠讓日本人心服口服，且願意和美國人合作的方式。保住裕仁天皇儘管不符合大多數人的期待，但卻是對美國最有利的選擇。

美國透過宣傳，刻意羞辱天皇體制

收到費勒的報告後，麥克阿瑟決定親自與天皇見面。經過層層斡旋，天皇終於同意到麥克阿瑟的住所做社交性的拜會，不過山之三郎也提出種種條件，他要求為避免誤解，與天皇的所有對話一定要透過翻譯，還有天皇的影像只能由宮廷攝影師從遠處拍攝，以及不得與天皇握手或碰觸、不得直視天皇的眼睛、不得踩到天皇的影子，只能坐在天皇的左邊、不能直呼天皇的名諱……等等，山之三郎很慎重地向麥克阿瑟表示天皇從未拜訪過外國人，所以希望能注意這些禮節。

不過山之三郎的種種警告，在麥克阿瑟見到天皇那一剎那，全變成耳邊風了。麥克阿瑟神色自若地走向天皇，他兩眼直視天皇，伸出手來表達歡迎之意，當麥克阿瑟手舉到天皇面前，天皇遲疑了一下，但也伸出他的手來，兩人握了一握，這時麥克阿瑟說，我們來拍照吧！不顧山之三郎的反對，在美國攝影官的拍攝下，麥克阿瑟與天皇兩人留下歷史性的合影。這張舉世聞名的照片，高大的麥克阿瑟處之泰然地將雙手扠在腰後，旁邊的日本天皇矮小怯懦，絲毫不見天皇氣度，這張照片在盟軍刻意的披露下，登遍了日本國內各大報紙頭版，對當時的日本人民產生相當大的衝擊。最後麥克阿瑟摒退所有人，坐在麥克阿瑟身旁的天皇這時站起來，他走向麥克阿瑟前，一句句吐出：「……我來找你，是為了承擔責任，希望對我懲罰，不要針對日本。」麥克阿瑟對著天皇：「這跟懲罰無關，殿下，我需要你的幫忙，看我們要怎麼做，才能重振日本。」

由於當時麥克阿瑟和裕仁天皇的首次會面並沒有留下文字紀錄，因此日後對於當時兩人到底談了什麼，大抵都是推測得來的結果。不過可以確定的是，麥克阿瑟將天皇和東條英機等軍國主義者徹底切割，只將後者送上戰犯法庭；而天皇則解除其「神性」，成為象徵性的國家元首，從此安穩的活到

麥克阿瑟將軍與裕仁天皇會面的歷史鏡頭（美軍攝影師 Gaetano Faillace 攝影，1945 年 9 月 17 日）
來源：維基百科共享資源
http://commons.wikimedia.org/wiki/File:Macarthur_hirohito.jpg

一九八九年過世為止。麥帥自信怡然但帶點不敬的姿態，對照身旁謹小慎微的裕仁天皇，成為二十世紀所留下最經典的影像之一。

麥克阿瑟主導日本新憲，奠定日美長久合作基石

一九四六年十一月，在麥克阿瑟主導下，日本通過新憲法，這部憲法最大的特徵是日本宣布放棄進行戰爭的權利：

「日本國民衷心謀求基於正義與秩序的國際和平，永遠放棄以國權發動的戰爭、武力威脅或武力行使作為解決國際爭端的手段。為達到前項目的，不保持陸海空軍及其他戰爭力量，不承認國家的交戰權。」（第九條）

因為憲法第九條的緣故，日本完全廢除軍隊，不過後來因為韓戰爆發，日本在美國允許下於一九五〇年建立一支國家警備隊，後來再改稱為「自衛隊」。日本自衛隊受限於憲法第九條，一直不能派往海外參與軍事任務，其國防預算也不能超過GDP的百分之一。不過這個情形近年來開始出現變化：二〇〇四年日本首度派遣一支六百人的部隊前往

伊拉克進行人道救援，這是二次世界大戰結束之後首次日本自衛隊派往海外進行軍事任務；二〇〇七年日本政府將自衛隊的主管單位防衛廳升格為防衛省，成為中央省廳之一。近年來由於北韓威脅、日中關係緊張等原因，日本國內許多人主張提升自衛隊的預算及地位，甚至希望修改憲法第九條，讓日本成為「正常國家」。

另一方面，東條英機等二十八位甲級戰犯於一九四六年四月遭到起訴，審判結果其中七人判處絞刑，十六人判處終身監禁。日本國內對於審判戰犯一事是否合理一直有爭議，有些人認為他們其實只是替罪羔羊，也有些人認為真正有戰爭責任的人反而逃過究責——部分戰時的主戰派人物後來獲得不起訴處分，並在後來的日本政壇持續發揮影響力。其中比較著名的是岸信介，他曾經是東條內閣中的工商大臣，後來被盟軍釋放後當選眾議員，最後成為首相（一九五七－一九六〇），並在任內強行推動美日安保條約。有趣的是他後來一直與台灣的國民黨政府維持友好關係。

一九七八年，日本靖國神社將十四名甲級戰犯移入合祀；一九八五年，當時首相中曾根康弘排除眾議，前往靖國神社參拜，此舉成為日後日本首相每年的固定行程，也讓靖國神社從此成為日本與其他亞洲鄰國之間紛爭的來源。

麥克阿瑟根據費勒建議所做出的決定，奠定了二次大戰之後東亞新政治秩序的基本架構。在這個架構下，美國扶植日本成為在東亞最忠實的盟邦，而日本因為政治趨於穩定而開始全力發展經濟，最後成為全球第二大經濟體。這個美日合作的體制一直延續至今天都沒有被打破。

10

描寫以巴衝突的黑色喜劇

——天外飛來一隻豬

（*When Pigs Have Wings*）

以色列屯墾區村長：你滾回去你的地方吧。

賈爾法：這就是我的地方，我從這裡來的。你不屬於這地方，我才是！

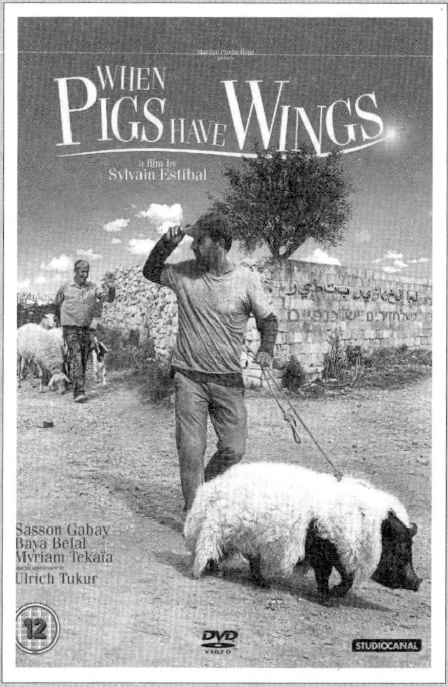

法國出品
二〇一二年
來源：21 世紀娛樂公司官方網站
http://www.21centurydvdinspain.com/item.php?id=3873

「天外飛來一隻豬」法文原名為「Le cochon de Gaza」，意思為「加薩走廊上的一隻豬」，後來英文片名翻做「When Pigs Have Wings」（當豬有翅膀），這是一句美國俚語，意為「不可能的事」，通常是帶著嘲諷挖苦的意味。看完此片，覺得英文片名翻得真好，因為要以色列人與巴勒斯坦人好好相處，真的是When Pigs Have Wings！

描寫以巴關係的電影多半嚴肅沉重，像「遠離阿雅米」（Ajami）、「檸檬樹」（Lemon Tree）、「烈火摯愛」（Inch' Allah）等等，看完總讓人對這兩個複雜難解的歷史恩怨感到唏噓不已。「天外飛來一隻豬」反其道而行，這部由沒有以巴背景的法國導演希爾．維艾斯提巴（Sylvain Estibal）執導的電影，單純由歐洲人的眼光看以巴衝突，沒有過去的沉重包袱，以黑色幽默、帶點魔幻色彩處理兩國人民在國家恩怨與宗教束縛的夾縫中求得生存與喘息的人生智慧，劇情無厘頭，充滿歐洲氣味的瘋狂與誇張，但笑鬧中有著對生命的體諒與理解，實在是幽默的最高境界。或許從以、巴人民眼中看來，這電影的玩笑似乎開得有點過頭，但是把兩國政治宗教的糾葛抽離出來，人民所冀求的不過是在眼下生活的平安溫飽，而這也是普世的價值。

血淚斑斑的以色列建國史

我們今天所說的「巴勒斯坦」地區古時曾經是猶太人的聚居地，其所建立的國家稱為以色列。距今三千年前的大衛王與所羅門王是猶太人最強盛時期，當時所羅門王曾經建造一座祭祀用的聖殿，成為以色列民族的象徵。以色列在所羅門王死後分為兩個國家，北邊仍稱以色列國，南為猶太國。後來以色列國被亞述王國所滅，猶太國則亡於巴比倫（公元前五百九十八年）。後來波斯帝國又打敗巴比倫，邀請猶太人返鄉，協助其重建聖殿。之後亞歷山大大帝又打敗波斯帝國，羅馬人又取代亞歷山大帝國，巴勒斯坦最後成為羅馬帝國的領地。

在羅馬帝國統治下，猶太人曾經三度起義但都告失敗，聖殿也在公元七十年遭羅馬軍團摧毀。猶太人最後一次起義（公元一百三十五年，中國東漢時期）失敗後遭羅馬人流放而流落世界各地。羅馬將該地改名巴勒斯坦（這是古代一個曾經從海上侵略以色列王國的民族之希伯來語稱呼），禁止猶太人進入耶路撒冷，但每年准許他們回去聖殿遺址憑弔一日。後來的猶太人每年回到這裡，想到亡國之痛不禁悲從中來，潸然淚下，此即為著名哭牆的由來。

西元七世紀之後，巴勒斯坦的居民主體變成阿拉伯人，統治者則一變再變，到了十六世紀成了奧圖曼土耳其帝國的領土。一次世界大戰末期此地被英國占領，戰後成了國際聯盟委託英國「託管」的地區。十九世紀末葉，流亡世界各國的猶太人發起回到祖居地重建以色列國、恢復猶太人生活方式的運動，也就是所謂的「猶太復國主義」（Zionism），許多猶太人紛紛移民巴勒斯坦，向阿拉伯人購地開墾，不過當時歐美主要國家在行動上並不支持猶太人復國。第二次世界大戰期間，歐洲境內六百萬猶太人遭到納粹屠殺，國際社會對於猶太復國運動的態度開始發生變化。二戰後，世界各地猶太人大規模移居巴勒斯坦，與當地阿拉伯人不斷發生流血衝突，阿拉伯人覺得新移民猶太人剝奪他們的生存空間，同時也想建立自己的國家。英國此時只想早日擺脫這個燙手山芋，遂決定讓新成立的聯合國來處理這個問題。

以巴衝突根源於一九四八年猶太人在巴勒斯坦「復國」，若想知道猶太人血淚建國史，或許可以參考看看一九六〇年發行的電影「出埃及記」（Exodus）。這部電影借用摩西五經的第二本經書《出埃及記》為片名，原來經書《出埃及記》講述的是摩西帶領猶太人脫離埃及的迫害，在迦南重建家園，頒布十誡的故事，這個故事被翻拍電影多次，例如早期的「十誡」或是近期的動畫片「埃及王子」等等；而這部「出埃及記」反而不是講摩西的故事，它是根據一九四七年發生的真實故事改編拍攝而成。描述二戰後，一艘載了六百一十一名德國猶太難民的「奧林匹亞」號商船，計畫偷渡至巴勒斯坦，但不幸東窗事發，被當時由英國託管的巴勒斯坦當局封鎖了港口，無法入港，「奧林匹亞」號因此被迫停滯在海上，變成海上難民營，船上猶太人為了向英國抗議，決定集體絕食，並將船名改為「出埃及記」。猶太人視死的決心驚動了全世界，國際輿論也一面倒同情他們的處境，迫使英國當局不得不讓步，同意「出埃及記」進入巴勒斯坦，同時也加速了聯合國通過一八一號決議，同意猶太人在巴勒斯坦建國——以色列，也因此種下以巴衝突的不解之仇。

聯合國一八一號決議的主要內容是讓巴勒斯坦在一九四八年結束英國的委任統治後建立猶太（約一點五二萬平方公里）、阿拉伯（約一點一五萬平方公里）兩個獨立國家，耶路撒冷（一百七十六平方公里）實行國際化。這個決定讓猶太人與阿拉伯人都不滿，猶太人匆促宣布建立以色列國，巴勒斯坦周遭的五個阿拉伯國家不願見到這樣的結果，聯合對以色列發動軍事攻擊，這就是所謂的獨立戰爭。戰爭持續八個月後停火，以色列領土擴大到二萬零七百平方公里，猶太人正式在巴勒斯坦立足，許多巴勒斯坦阿拉伯人則淪為難民。在一九六七年的第二次中東戰爭中，以色列占領了一九四七年聯合國分治決議應屬阿拉伯國的全部領土，包括約旦河西岸地區、加薩走廊、整個耶路撒冷，以及屬於埃及的西奈半島，面積擴張為八萬平方公里，為原來領土的四倍。一九八〇年以色列正式宣布將耶路撒冷設為永久首都，不過國際社會並不承認以色列對這些地區擁有主權。

另外值得一提的是，「出埃及記」電影主題曲氣勢磅礡、蕩氣迴腸，早期台灣布袋戲最出名角色「雲洲大儒俠——史豔文」一出場就伴隨這個配樂，每次這個音樂一奏起，就知道史豔文要登場了，小時候不知道這個曲子的來源，及至稍長一點，接觸到「出埃及記」，才知道史豔文的出場曲竟然是來自好萊塢，原來我們的布袋戲已經這麼的國際化。

以兩國禁忌「豬」做引子，擺明此故事葷素不忌

「天外飛來一隻豬」光聽片名，就知道不必對電影的內容太過認真，雖然電影中的豬不是從天上掉下來，但卻是從海中撈起來的，電影一開始就告訴你這個故事絕不是真的，但卻讓人想要知道「豬」這種在伊斯蘭與猶太教義中最不潔的牲畜，突然闖進這兩個世界中，會帶來什麼樣的碰撞！這種種的不可能，就發生在電影的一開始。

巴勒斯坦加薩地區漁夫賈法爾（Jafaar）流年不利，出海捕魚每每鎩羽而歸，身上也是負債累累。這天賈法爾一如往常出海，海面平靜無波，他努力地撒網拉網，但拉上的仍

是令人失望的垃圾。但這一次不一樣，沈甸甸，讓賈法爾拉得特別吃力，似乎有好收穫，漁獲在網中用力扭動，賈法爾急忙將網一放，一隻活生生的豬從網中掙脫而出，四處逃竄，伴隨「伊喔～伊喔～」的叫聲。讓從沒看過活豬的賈法爾嚇得躲進船艙，驚恐的他瑟縮在船艙的一角，從門縫中不可置信地看著豬的身影，他口中唸唸有詞，請阿拉保佑他。在伊斯蘭教義中，豬是極不潔的動物，這樣一隻活生生的豬跑到賈法爾面前，加上又是從水中撈起來的，賈法爾內心的驚恐可見一斑！

回到家的賈法爾拚命洗刷身體，想把身上的穢氣洗去，他向阿拉抱怨他是做錯了什麼事，要受這種懲罰？不過向來隨遇而安，對生活沒什麼原則的他還是馬上向阿拉解釋，如果是懲罰他把樓上陽台租給以色列軍隊當作崗哨，那是因為他家剛好在往殖民地的路上！一貧如洗的賈法爾，雖然有間可勉強遮風蔽雨的磚房，但也是炮痕纍纍，牆不成牆，他為圖個溫飽，將樓上房間與陽台租給以色列軍隊，權充為監視崗硝！而妻子法蒂瑪（Fatima）也跟他抱怨今天債主又上門來要債了。

為了籌錢還債，同時處理豬的問題，賈法爾不知從哪裡來的想法，他特別穿上他那一千零一雙皮鞋，騎著單車，跑到聯合國駐地辦公室，他怯怯地向聯合國德國籍官員東拉西扯，最後才對他說出來意，想把豬賣給他，大概是因為德國人喜歡吃香腸、豬腳的刻板印象，才讓賈法爾認為德國人一定會買他的豬。德國官員聽到賈法爾荒謬的交易，氣到歇斯底里，賈法爾被趕了出來。賈法爾不死心，他又跑到以色列邊界高牆外，他想或許以色列人會對這隻豬有興趣，但一到檢查哨口，他又被以色列士兵趕了出來。

在電影裡出現的聯合國機構應該是「聯合國停火監督組織」（UN Truce Supervision Organization），這是聯合國於一九四八年戰爭後在巴勒斯坦地區所設置的機構，主要任務是監督以色列與阿拉伯國家之間的停火協議。這原本是暫時性的任務，目的是將當時打得火熱的以巴雙方隔開，後來卻發展成聯合國最重要的業務之一：國際維和（International Peacekeeping）。沒想到聯合國停火監督組織這個臨時機構卻成了聯合國歷史上時間最長、至今仍未完成的維和任務。

電影中賈法爾排隊被趕出來的高牆和崗哨其實就是以色列和巴勒斯坦之間的邊界，那堵像柏林圍牆似的高

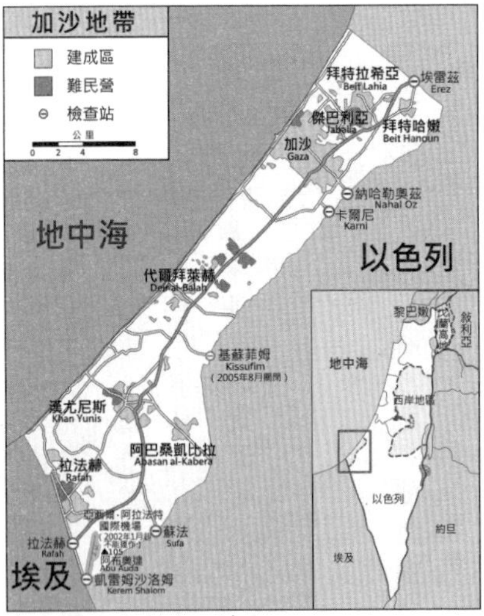

加薩地區位置圖
來源：維基百科共享資源
http://commons.wikimedia.org/wiki/Category:Maps_of_the_Gaza_Strip#mediaviewer/File:Gaza_Strip_map2_zh1.svg

牆其實是近年來才興建的。一九九三年巴勒斯坦領袖阿拉法特（Yasser Arafat）於以色列總理拉賓（Yithak Rabin）簽訂著名的奧斯陸協定（Oslo Accord），以色列同意讓巴勒斯坦在約旦河西岸於加薩走廊兩地實施自治後建國。不過因為部分巴勒斯坦激進組織持續對以色列發動恐怖攻擊，以色列政府乾脆就把雙方的邊界用高牆封了起來，並且對進入以色列領土的阿拉伯人進行嚴格的檢查，像賈法爾那樣鬼鬼祟祟的行徑當然會被趕出來。

電影裡曾出現一名穿著黑色制服，向賈法爾勒索的警察其實是巴勒斯坦警察，他們屬於一九九六年巴勒斯坦人依據奧斯陸協定所成立的自治政府，成為巴勒斯坦民族權力機構（Palestine National Authority）。這個機構等於是巴勒斯坦邁向最後獨立建國前的過渡政府，在全世界已獲得一百多個國家的外交承認，還在聯合國擁有觀察員席位（因為美國與以色列反對而未能稱為正式會員）。

為了生活，偷偷在以色列屯墾區進行秘密交易

無計可施的賈爾法決定殺了那隻豬，他向理髮師好友借了槍，回到船上想一槍解決這隻豬，但是看到那隻豬，他又縮手了。他將槍還給了理髮師，理髮師以為賈法爾已經

將豬給解決了，這時才跟他說以色列屯墾區也有人養豬，這些猶太人養了豬，再賣給俄國人，甚至將豬進口到歐洲，賈法爾不解，因為以色列不是也禁豬嗎？理髮師很慎重其事的對賈法爾說：「猶太人唯一禁止的，是有生意不做！」

賈法爾騎著單車在以色列的屯墾區的圍牆外繞著，心想或許能找到對豬有興趣的猶太人，但因為行跡太過詭異，被以色列士兵開槍驅趕。回到街上，賈法爾又被債主追著討債。為了錢，他隔天又騎著單車，跑到屯墾區碰碰運氣，他隔著鐵絲網，試著對一個在農田耕作的猶太女孩依蓮娜推銷，吹噓他有一隻漂亮的豬，賈法爾

賈法爾騎車經過隔絕以色列和加薩之間的高牆
來源：Notresinema 網站
http://www.notrecinema.com/communaute/v1_detail_film.php3?lefilm=37504

果然吸引了依蓮娜的注意，依蓮娜跟賈法爾說她只對公豬有興趣，因為她們唯一的種豬已經死了。這下子難倒了賈法爾，他怕豬怕得要死，這一輩子也沒碰過豬，他怎知道這隻豬是公還是母呢？他跑回到船上，趁著豬呼呼大睡，硬著頭皮用木棍掰開豬的腿，驗明正身。隔天，他欣喜地跑去找伊蓮娜，跟女孩說是公豬。但依蓮娜說她只要豬的精液，因為她不可能讓巴勒斯坦的豬踏進殖民地。

這件事真的是讓賈法爾為難死了，他連豬都不敢碰，更何況是取精！回到家，看到家裡窗戶玻璃破了一大塊，妻子法蒂瑪無奈地跟賈法爾說債主又找上門了，他們用石頭丟窗戶，打破燈泡，還威脅說，如果再不還錢，就要抓我們去坐牢！不過法蒂瑪臉上淡淡地對賈法爾說：「不過，我告訴他，我們已經跟坐牢沒兩樣了！」

法蒂瑪的一席話，讓賈法爾輾轉難眠，一大早，他回到船上，對著公豬，遲疑了半天，還是不敢下手，無奈之下，他只有對自己動手，取自己的去交貨。屯墾區的依蓮娜看到賈法爾送的貨只有一點點，抱怨地說這豬是不是生病了，只有一點點精液，但還是付了錢，但也要求賈法爾明天取更多的精液交貨。

賺了錢的賈法爾心情雀躍不已，但他的能力還是有限，總不能老是取自己的貨來頂替吧，他開始清理船上環境，也花了一點錢買了威而鋼，想誘使豬吃了威而鋼可以讓他順利取精。賈法爾的點子奏了效，果然順利取得了豬的精液。賈法爾與高采烈地將一瓶滿滿的精液送到依蓮娜面前，依蓮娜看了很滿意，慷慨地付了更多的錢。

賈法爾志得意滿，他從不曾料想到他的人生會靠著豬賺錢，但是內心也充滿著罪惡感，深恐自己會變得像豬一樣那麼骯髒，但有了錢的賈法爾幫妻子法蒂瑪買了衣服、香水，看著妻子高興的笑臉，賈法爾的罪惡感又減少了一點點。

依蓮娜的豬配種都不成功，她認為應該讓豬自然生產才會成功，她要求賈爾法每天牽豬來交配。賈法爾說這是不可能的，如果他被族人看到他跟豬在一起，他就死定了；依蓮娜聽到賈法爾的說法，有點激動，她急急地對賈法爾回應，對她們來說，豬也是不潔淨的，但是她絕不允許她養豬的計畫失敗，如果賈法爾不願配合，她也沒關係……反正政府也計畫撤出屯墾區，軍隊遲早會來驅趕她們，這樣他們就得逞了……，依蓮娜臉上帶著淡淡的哀傷，她自言自語，反正她們也沒有什麼損失，頂多回俄羅斯而已，她會移民到巴勒斯坦，只不過是為了實現父親的夢想罷了。

在一九六七年戰爭之後，以色列在占領的巴勒斯坦領土上建立數百個屯墾區，用來安置從海外移民回國的猶太人。這些屯墾區就像一個個獨立的社區，外面由以色列國防軍駐守保護。但在奧斯陸協議簽訂後，以色列政府同意巴勒斯坦人先自治後建國，所以必須將原來居住在占領區內的以色列人遷移出來。這就是電影裡依蓮娜說軍隊會來驅趕她們的原因。

原來以色列養豬是為了嗅出炸藥，漁夫誤成叛國賊

上天對賈法爾的試煉真是一次比一次艱難，為了掩人耳目，他自己釘了一台小貨車，連接著他的腳踏車，他將豬關進貨車內，他再騎著車，將豬送到屯墾區交配，於是開始了每天「牽豬哥」的工作。這時賈法爾為了賺錢，已經克服了對豬的嫌惡，他將豬偷偷餵養在家，但還是被妻子發現，妻子驚恐的對賈法爾說如果被發現養豬，會被認為是叛國賊，因為以色列人養豬的原因是豬可以嗅出炸藥，所以才會飼養牠！這是樓上以色列軍人告訴她的。這下子賈法爾更是氣炸了，原來妻子跟以色列軍人平常有在交談，妻子這時才很不好意思地說，她在家裡，常常跟樓上的以色列士兵一起看巴西連續劇。賈法爾氣得大叫，這比養豬還更不幸啊！

巴勒斯坦對以色列的不滿情緒持續升高，各種對以色列抗議遊行與恐怖攻擊行動不斷發生。這時賈法爾養豬的事也東窗事發了，他被巴勒斯坦的聖戰組織帶走，被指控是叛國賊，但賈法爾臉不紅氣不喘地辯解說，他養豬是為了將豬綁上炸藥送到以色列殖民地進行恐怖攻擊。當然賈法爾的說法並未獲採信，為了讓賈法爾將功贖罪，聖戰組織決定讓賈法爾當人肉炸彈，讓他跟他的豬穿上炸彈背心，去攻擊屯墾區。如同過去的聖戰士一樣，在進行恐怖攻擊任務前都會拍攝一段錄影帶，表示他是襲擊殖民地事件的主腦，是在執行一項神聖的任務。組織的其他份子都很羨慕賈法爾的幸運，因為他們深信一旦以身殉道，就可以在天堂得到很多女人，而且唯有放棄塵世的享受，才可享永恆的快樂。

賈法爾只是一個再卑微不過的老百姓，為了生存都能違背教義偷偷養豬了，他怎可能以身殉道呢！賈法爾一離開組織，馬上就把身上的炸彈背心脫掉。為了掩飾養豬的事實，妻子特別為豬做了一件雪白的羊毛外套，豬一套上，遠遠看還以為是一隻肥滋滋的大綿羊。賈法爾將豬套上炸彈背心，偽裝成綿羊，牽到屯墾區，伊蓮娜看到披著羊毛的豬，笑了出來，不過卻說已經無所謂了，她們今天就會被軍隊驅逐了，就在賈法爾猶疑不決時，豬卻跑進屯墾區，伊蓮娜為了幫賈法爾將豬追回來，奔命的追著，賈法爾遠遠對著伊蓮娜大喊：「不要……」但卻也挽不回了，爆炸聲轟然響起，伊蓮娜倒臥在炸藥煙塵裡。

賈法爾攻擊以色列屯墾區的英勇事蹟透過錄影帶播出，在以巴兩國間聲名遠揚；他的妻子卻因為他攻擊屯墾區，被以色列士兵趕出家門。雖然賈法爾攻擊了屯墾區，但他安然回來卻讓聖戰組織非常不滿意，他們認為賈法爾應該以身殉道，成為烈士，但賈法爾不但全身而退，而且毫不知羞恥地大吃大喝，讓他們覺得與聖戰士形象相差太遠，因此他們要求賈法爾自裁，成為真正的烈士。賈法爾一路裝瘋賣傻，絲毫不理會組織的明示與暗示，最後組織乾脆叫賈法爾拿槍自盡，賈法爾眼見躲不了，把槍往窗外一丟，逃了出來。

他往大街上拚命逃跑，但街上的老弱婦孺一見到他，宛如看到大明星般，紛紛請他簽名，就這樣他一邊簽名，一邊逃跑，他逃進巷弄裡，一名帶著小孩的婦人看到賈法爾，眼睛為之一亮，她指著她的小孩，對賈法爾說：「他想跟你一樣做烈士！你是他的英雄！」賈法爾看了小孩一眼，狠狠地打了小孩一巴掌，不發一語，轉身繼續逃跑。

導演在這裡用很諷刺的手法來描寫巴勒斯坦境內的恐怖組織如何招募無知的人來當自殺炸彈客。其實在以巴衝突的過程中，一開始巴勒斯坦人並沒有利用自殺炸彈客來攻擊以色列，在一九八〇年代，巴勒斯坦人主要是用劫機的方式來吸引世人注意，不過後來因為機場安檢嚴格，加上效果也不好（以色列政府絕對不與劫機者談判），現在已經很少採用這種方式了。不過利用自殺炸彈來攻擊以色列的方式則讓人防不勝防，而且這些犧牲自己生命的炸彈客往往在巴勒斯坦社群內被奉為烈士、英雄（看看電影中的賈法爾如何受歡迎），這也是這類行為難以被禁絕的原因。

以巴衝突無可解的歷史難題，只有留待神蹟

在另一個場景，原以為被炸死的伊蓮娜，奇蹟似地毫髮無傷站了起來，她四處搜尋那隻小公豬，卻發現小公豬被以色列士兵團團圍住，伊蓮娜不忍，上前護住小公豬，牽著牠拔腿就跑，引得一隊以色列士兵在後追趕。被趕出家門的賈法爾妻子孤單的坐在路邊，碰見了四處找尋伊蓮娜的弟弟，兩人遂決定結伴同行，他倆在路上遇到牽著公豬的伊蓮娜，三人隨後又在以色列邊界的高牆下遇到賈法爾。同時被巴勒斯坦與以色列士兵追趕的這四個人與一隻豬只好漫無目的地逃跑，最後他們在海邊看到一艘無人小船，他們與豬坐上船，心想或許能遠離這個讓他們無法繼續生存下去的土地。他們就這樣漂啊漂的不知經過多久，終於擱淺在一個不知名的沙灘上，遠遠地他們看到一個人坐在岸邊，賈法爾拿著一枝橄欖枝（意喻和平，導演用了一個很傳統的暗示手法）對著岸上的人表示，我們從很遠的地方來，我們是一家人，希望能留在這裡，絕不會製造麻煩，不引起戰爭，不霸占土地。對方不發一語，轉頭就走，但一轉身，他身上的背心是一個大大的紅十字會標幟，

很明顯地他是個紅十字會工作人員。賈法爾一行人被紅十字會的車輛帶走，當他們從車上下來，他們發現還是回到原來的鎮上，原來他們根本沒有離開過；但不同的是，鎮上不論是猶太人、巴勒斯坦人，熟悉的或不熟悉的全圍成一圈，歡樂地看著因戰爭而殘廢的年輕人，倚著拐杖跳著高難度的霹靂舞，一切是那麼歡快、和諧，彷彿之前的仇恨不曾存在過……。

以巴衝突現在的狀況是這樣：以色列在二〇一二年選舉後，右派利庫德黨上台，重啟屯墾區計畫，與美國及巴勒斯坦自治政府之間的關係惡化；而巴勒斯坦自治政府在二〇〇七年之後，比較溫和的「法塔」（Fatah）控制約旦河西岸，立場激進的組織「哈瑪斯」（Hamas）則控制加薩走廊，等於分裂成兩個政府。巴勒斯坦政府主席阿巴斯（Mahmoud Abaas，屬於法塔）在二〇一二年申請加入聯合國，後來大會表決讓巴勒斯坦成為「非會員觀察國」，巴勒斯坦民族權力機構因此正式改名為巴勒斯坦國（State of Palestine），不過此舉遭到美國及以色列的強烈反對。

故事到最後，又與開頭做了銜接。電影一開始以漁夫捕到豬做為整個故事的開端，就是告訴你這是一個難以解釋的故事，以及整個故事開展下來，一切荒謬的事卻又合理的發生了，合理的事產生了難以收拾的結尾，但導演顯然地不想用合理的方式收尾，因此才會有這樣一個魔幻想像的結局。可能會有人覺得導演最後處理草率不負責任，不過這倒讓筆者想起古希臘劇作家尤里皮底斯，他是希臘三大悲劇作家之一，在他的作品中，遇到無法解決的難題，他就會利用劇場中的機關，從屋頂中降下天神來解決所有的爭端磨難，讓結局圓滿，對於這樣的處理方式，被稱為機械神蹟（Deus ex machina）。我想導演想要表達的是，唯有「機械神蹟」才能解決以巴兩國的世代仇恨吧！

11

經濟全球化下拉丁美洲的發展困境——時代啟示錄（*Even the Rain*）

因為法令，甚至連雨水都不給我們使用！

西班牙／法國／墨西哥合資拍攝
二〇一〇年出品
來源：時代啟示錄電影官方網站
http://eventherain.com/

時代啟示錄（**También la lluvia**）是二〇一〇年出品的西班牙電影，英文片名譯為 **Even the Rain**，差不多是對照原文翻譯，但中文片名還真是與原來片名風馬牛不相及！乍聽之下，一時之間還會以為是大導演法蘭西斯・柯波拉（**Francis Coppola**）一九七九年執導的名片「現代啟示錄」（**Apocalypse Now**）。因為柯波拉的現代啟示錄實在太有名了；而啟示錄（英文 **Book of Revelation** 或者 **Apocalypse of John**）是新約聖經書卷之一，隱含著末世審判之意，因此一看到「時代啟示錄」直覺上這是一部有關戰爭、文明、末日毀滅的大製作，如果抱著這個期待去看，可能會大失所望，不過除卻中文命名的缺點，這部電影的內容設計與議題設定還真是深具創意與深度，令人回味再三。

不過提到電影中文的命名，不知當初為何片商將這個有關跨國公司、水資源分配與種族議題的電影命名為「時代啟示錄」這個令人毫無頭緒的名字，可能想藉這個聳動的名字吸引觀眾買票入場吧！而其他也有翻為「雨水危機」，雖還蠻貼近原來電影，但又會讓人想到地球暖化的環保議題，也不切合主題！原來的片名其實源自於電影中抗議水資源被跨國公司壟斷的一段話：「只因為法令，太不可思議了，甚至連雨水都不給我們使用……」但是「甚至連雨」（**Even the Rain**）在中文是未完成，沒有意義的句子，所以如何做到「信、達、雅」的翻譯原則，還真的是一門大學問。順帶一提，另一部奧斯卡得獎名作梅爾吉勃遜的「阿波卡獵逃」，英文原名 **APOCALYPTO**，隱含有啟示錄或是末世毀滅的意思，原本片商想命名為梅爾吉勃遜之啟示錄，但據說因為導演要求全球統一音譯片名，發行商靈光乍現譯作「阿波卡獵逃」，因全片真的是環繞在獵殺奔跑的情境中，「獵逃」兩字還真是緊扣劇情，讓片名充滿戲劇張力也兼具通俗性，算是蠻成功的命名。

南美洲原住民被剝削，境遇不亞於五百年前的印第安人

言歸正傳，「時代啟示錄」匠心獨具地以劇中劇方式帶出電影所要討論的議題，故事設定是一組來自西班牙的電影劇組要拍攝五百年前哥倫布發現美洲大陸後，為了自身利益，剝削當地印第安人的故事。劇組遠道取景玻利維亞，在拍攝的同時，卻發現當地原住民被西方資本家與白人政府剝削的處境，與五百年前的印第安人相比不遑多讓。這部電影曾經代表西班牙角逐奧斯卡最佳外語片，但可惜並沒有進入最後的入圍名單。

玻利維亞位於南美洲內陸，是這塊大陸最貧窮落後的國家之一，主因在於政府的腐敗與效率不彰，其經濟利益長期為過去殖民政府的白人所掌握，貧富極度不均，全國百分之九十的土地掌握在少數大地主手中，社會財富幾乎都掌握在白人或混血人種手裡，占全國人口六成左右的原住民，卻有七成以上生活在貧窮線以下。但諷刺的是該國卻擁有頗為豐

富的石油和天然氣，以及各種金屬礦藏，因此被稱為「坐在金椅子上要飯的乞丐」。

電影是採劇中劇的方式進行，墨西哥電影導演塞巴斯提恩（Sebastian）計畫拍攝哥倫布發現美洲大陸後，奴役印第安人的史實，因此劇組前往玻利維亞的第三大省分科恰班巴進行電影的拍攝，為了劇情需要，必須有一批印第安原住民的臨時演員，渠料這個試鏡的通知一發出，竟然吸引了二百位原住民來試鏡，而且人數不斷增加，製片哥斯達（Costa）為了省事，叫塞巴斯提恩在排隊的人群裡直接挑選他認為可以的臨時演員，但這種做法，讓已經排隊數小時的原住民丹尼爾（Daniel）跳出來抗議，他表示說沒有試鏡他絕不走，因此跟劇組的人大打出手，他跟導演塞巴斯提恩抗議所有人機會均等，他帶著他的女兒以及這邊所有的人都已經等了好幾個小時了，有些人還是走了好遠的路才走過來，一定要給大家一個機會！在丹尼爾的鼓動下，引發現場原住民們大聲附和，塞巴斯提恩被說動，決定讓所有人都有試鏡的機會。

對於這些玻利維亞的原住民而言，爭取臨時演員的機會，只不過是想要多掙點錢，因為他們實在太窮了；但對於這個來自海外的電影公司，尤其在製片哥斯達的眼中，他看到的是大量而便宜的臨時演員與工作人員，可以為電影省下大量的成本。因此任何劇中所需要的場景搭建，製片哥斯達都捨棄了現代的機具，完全利用這些廉價的原住民勞力，有時就連導演塞巴斯提恩都看不下去。像為了豎立巨大的木十字架，捨棄了起重機，只利用原住民工作人員一吋一吋的豎直，塞巴斯提恩膽顫心驚的看著顫巍巍被豎起的十字架，深怕一個不小心倒了下去，不知會造成多少人受傷，但是哥斯達眼中只有錢，為了省錢，他可以什麼都不管。

丹尼爾在試鏡現場的抗議行為，讓導演塞巴斯提恩印象深刻，也認為他適合扮演劇中領導印第安人反抗的領袖哈德威一角，經過化妝與試鏡，丹尼爾的表現讓塞巴斯提恩大為滿意，認為他根本就是當時與哥倫布對抗的印第安人領袖哈德威（Atuey），同時也錄用了丹尼爾的女兒，但是製片哥斯達也警告塞巴斯提恩，丹尼爾這個人難以控制，將來一定會後悔。

跨國公司壟斷水資源，原住民連掘井的權利也被剝奪

劇組順利的開拍，他們拍攝的故事是大航海家哥倫布在一四九二年踏上美洲大陸，發現當地擁有豐富的黃金礦產，為掠奪黃金資源，哥倫布開始巧取豪奪。他要求原住民都要繳稅，他發給每個年滿十四歲以上的印第安人一個鈴鐺，規定每個人都要將鈴鐺裝滿黃金

上繳，如果抗命，將施以嚴酷懲罰。而丹尼爾也開始有模有樣地扮演起領導原住民反抗哥倫布的領袖哈德威一角。

哥倫布「發現」新大陸是改變人類歷史發展走向的重大事件，不過這個歐洲人眼中的成就卻是美洲原住民噩夢的開始。根據歷史記載，他的船隊是在一四九二年十月十二日於加勒比海的某一座小島上岸（今天似乎很難確定是哪一座小島），並在島上遇到為數眾多的原住民，之後幾天，他的船隊又陸續登陸附近幾座島嶼勘查。起初這些原住民對哥倫布和他的船員還算友善，而哥倫布心中所計算的卻是這些島嶼到底有沒有任何經濟上的價值。一個星期後，哥倫布從當地原住民手中拿到第一塊黃金，他認定這裡一定有更多的黃金，但要有效統治並強迫原住民協助找尋黃金，必須從西班牙派遣更多的人過來。因此他在希斯帕尼奧拉島（Espanola，今天的海地與多明尼加）上建立一座要塞並留下三十人駐守後啟程返航。之後哥倫布又帶了三次船隊來到加勒比海，並完成對希斯帕尼奧拉島的殖民。劇中的另一個要角「哈德威」在歷史上也真有其人，他是居住在希斯帕尼奧拉島上的原住民領袖，因為痛恨西班牙人統治而帶領族人起義反抗，最後卻被西班牙人逮捕活活燒死。直到今天他還被視為美洲原住民反抗殖民統治的第一人，在古巴被尊為民族英雄。

在戲裡，丹尼爾與這一群原住民臨時演員扮演的是五百年前被哥倫布奴役剝削的印第安人；但下了戲，他們也是完全不得閒，丹尼爾與他的朋友們一寸寸地挖著水道，準備引水匯入他們族人共買的小水井內，這條水道大概要挖七公里長。原來當地政府將水資源使用賣給一家外國企業，但是這家跨國公司收取的水費實在太高了，像丹尼爾這些一窮二白的原住民根本無法支付，因此他們決定自己挖水道引水儲水自用；但是根據當地法律規定，人民連自行集水儲水的權力也沒有，而水公司為確保利潤，常常派人阻撓丹尼爾這些原住民的挖掘行動，也因此衝突不斷。

相較於丹尼爾這些原住民的貧困，這群來自西班牙的演員與工作人員，下了戲，住的是豪華舒適的旅館，幾乎是隔離在真實的玻利維亞社會之外。他們在高雅安靜的餐廳飲酒吃美食高談闊論，演員們甚至還會為了劇中角色傳教士卡薩斯是否真的是印第安人權鬥士，爭得面紅耳赤；但最諷刺的是，在他們爭論的同時，在他們身旁倒水、端盤子的服務生，清一色都是原住民，而跟他們同劇拍戲的原住民們，也都還為了飲水問題在奮鬥著。

水公司派人封住水井，科恰班巴的原住民婦女們出來抗議：「你們沒有權利封水井！難道要我們喝髒水嗎？你們奪走了我們的森林，接下來是要奪走我們的空氣嗎？我們不會再付錢了！」政府派警察鎮壓居民，婦女們在被架走的同時，不斷地哀嚎哭泣：「這些水是給我們孩子的啊！」因此丹尼爾率領一群人到市政府示威抗議，他控訴政府：「他們不顧反對賣了我們的河流，賣了我們的井和湖，甚至是淋在我們頭上的雨水，只因為法令，太不可思議了，連雨水也不讓我們使用……」、「那誰拿走了雨水？是一家在倫敦和加州的公司，夥伴們，接下來會拿走什麼？是我們的呼吸？或是額頭上的汗水？……」

這場劇所拍攝的背景，正是二〇〇三年發生在玻利維亞第三大城科恰班巴市（Cochabamba）的「水戰爭」。這個事件的背景是這樣：一九九八年，世界銀行要求玻利維亞政府將恰班巴市的自來水服務交給民間公司經營，並由當地居民負擔成本，否則將拒絕提供該市兩千五百萬美元的貸款。世界銀行還要求水價必須以美金計價且不得低於成本，市政府不得將貸款用於對貧民進行補貼的其他項目。科恰班巴市政府於是將該市的自來水系統外包給一個主要由美國貝泰集團（Bechtel Group）與英國、西班牙、玻利維亞等幾家公司共同出資成立的阿瓜斯自來水公司（Aguas del Tunari）。科恰班巴市的居民很快就發現水價立刻上漲了百分之三十五，比較窮的居民根本付不起水費，只能挖水井來用，但水公司卻以各種手段禁止居民「竊取」水源，最後數萬居民上街抗議，進而演變成暴力衝突，整個城市陷入混亂狀態。之後抗議政府的行動蔓延到其他城市，示威者指責政府無力解決失業與經濟困境，只會鎮壓平民，連農夫都加入戰局。一個星期後，玻利維亞政府宣布全國戒嚴，但混亂的情況已經造成多人死傷。

廉價當前，盡情剝削，西方國家的偽善昭然若揭

在科恰班巴原住民抗議政府的不公平水政策同時，塞巴斯提恩的劇組也正排練當時傳道士安東尼爾神父在佈道時控訴西班牙王國掠奪印第安資源的作為，他譴責自己的國王對無辜人民的殘忍與粗暴，譴責他們沒有權利奴役這些印第安人，他呼籲他的同胞應將心比心愛這些印第安人……，這場戲排演得蕩氣迴腸，演員與導演也都為劇中情境大為感動。不過他們也只為五百年前爭取印第安人的權益而感動，身邊這些原住民的處境他們卻是視而無見！這部電影劇情安排巧妙之處就是藉由拍攝哥倫布時代對印第安人的掠奪，來反映現代美洲印第安人被剝削的命運至今仍不得翻身；再對照現代西方雖較哥倫布時代人權已經大躍進，但在利益當前，所有原則都可以拋棄的偽善。跨國水公司是如此，這個利用玻利維亞廉價勞力的電影公司亦是如此！

為了確保電影能順利拍攝，製片哥斯達要求丹尼爾至少三星期不要參加示威，他一臉誠懇地對丹尼爾說，沒有你的話電影就拍不成了，你是非常重要的人。但是手機一響，哥斯達卻用英文對電話另一頭的金主說：「丹尼爾真他媽的會演，這裡的工資便宜到爆，比買一袋沙子還便宜，一天付兩美金他們就很開心……。」電話一掛斷，哥斯達一回過頭又滿臉笑意對丹尼爾說，我們一定會大成功……，但這時丹尼爾以帶著口音的英文複誦哥斯

達的話：「真他媽的會演！付兩美金他們就很開心！」原來丹尼爾聽得懂英文，他曾在美國做過兩年水泥工。丹尼爾拆穿哥斯達要這些原住民廉價勞力又瞧不起他們的心態，讓哥斯達大感羞愧。

不只是丹尼爾會演戲，就連他的女兒貝蓮（Belen）的演技也令劇組驚豔，讓同劇的西班牙演員非常稱讚，看到丹尼爾父女倆這麼努力的工作，不自艾自憐，充滿尊嚴的生活著，哥斯達為自己過去自私又狹隘的想法感到自責，他鼓起勇氣跑到丹尼爾的家裡向他道歉。

此時科恰班巴水資源衝突已到臨界點，民眾發動大規模示威，抗議政府縱容私人公司壟斷水資源，當中帶頭的人之一就是丹尼爾。就在丹尼爾在市政府廣場抗議同時，劇組正接受市政府的招待，高舉香檳慶祝，面對市政府外的抗議聲浪不斷，市長尷尬的解釋，只是某個

製片哥斯達（左）和導演塞巴斯提恩（右）原本合作無間，但隨著劇情發展，兩人的關係也隨之變化
來源：IMDB 電影資料庫網站：
http://www.imdb.com/title/tt1422032/?ref_=ttmd_md_nm

想要出名的激進份子的挑釁而已，因為國家資源短缺，沒有外國投資，很難維持供水服務。但導演塞巴斯提恩提出他的看法，他認為民眾的訴求似乎還算合理，因為一天只賺兩美金的人，是不可能負擔漲三倍的水費……，市長拍了拍塞巴斯提恩的肩膀，微笑道：「有趣的是，聽說你們也付錢給臨時演員」（暗指他們也只付兩美元），塞巴斯提恩困窘苦笑：「嗯……，不過我們的預算很有限」，市長馬上回道：「我們也一樣！」市長果然是老練的政客，四兩撥千金地將話給堵了回去。這場戲實在很經典，在優雅輝煌的市政廳拿著香檳杯的白人們，杯觥交錯；對照市府外聲嘶力竭捍衛自己權益的原住民們，卻被譏笑是粗魯沒文明的野蠻人，兩個世界，天差地遠。

原住民是市場化與自由化的頭號犧牲者

哥斯達為了讓丹尼爾拍完最後一幕戲，承諾丹尼爾只要他願退出示威活動，同意給他五千美金，等拍完最後一幕戲，再給五千美金。丹尼爾默默收了他的五千美金，同意退出。但丹尼爾收了錢，不但沒有出現在拍戲現場，反而繼續參加示威，還被鎮暴部隊逮捕，劇組透過關係，賄賂警察局長，讓丹尼爾交保。哥斯達在獄中一見到丹尼爾，氣急敗壞地指責他毀約，但是丹尼爾只丟下一句：「沒有水就活不下去，你不會懂的。」

讀者可能會覺得科恰班巴市的「水戰爭」怎麼會變得這麼嚴重？而世界銀行和玻利維亞政府怎麼會做出讓外國的水公司壟斷自來水供應、並且可自行決定水價這樣荒謬的決策？這其實跟一九九〇年代後國際經濟發展的思維有關。冷戰結束時，世界上許多人認為「自由化」與「市場化」才是推動經濟發展的動力，因此大力推動全球範圍內的貿易自由化。「經濟全球化」（economic globalization）這個字眼就是在那個時候興起的。在自由化的思維下，只要是經營沒有效率的產業，都應該進行私有化，包括原來應該由政府提供的公共性服務；任何東西只要能夠包裝成商品，都應該推到市場上去銷售，包括自來水。世界銀行裡的經濟學家們大概都是這套新古典自由主義經濟學的信徒，因此在他們眼中，解決玻利維亞政府行政效率不彰的最好方法，就是迫使其將公共服務轉包給有效率的民間公司來經營。

但是在玻利維亞，有能力進行這種大規模基礎建設投資的公司畢竟很少，因此商機自然就落在大型的跨國企業手中。在二〇〇二年出版的《水資源戰爭》（Blue Gold）這本書裡，作者指出全球的水利產業掌控在十家大型的企業手中，其中蘇伊士（Suez）和斐凡迪（Vivendi）兩家源自法國的大型企業就共同占有全世界水資源市場的七成以上。在電影裡承包科恰班巴市自來水供應系統的阿瓜斯自來水公司背後的美國貝泰集團也是這十大企業中的一員。想想就連玻利維亞政府都抵擋不了世界銀行以及跨國企業的壓力，最後乾脆讓人民去承擔後果。這就是電影裡丹尼爾這些原住民所面臨的情況。

科恰班巴的局勢越來越不穩，各地暴動鎮壓事件不斷，劇組裡的工作人員與演員個個人心惶惶，眼看拍攝工作已經無法再繼續了，劇組決定在公路被封鎖前撤出科恰班巴。當哥斯達準備隨劇組出發時，丹尼爾的妻子哭著跑來向他求助說女兒貝蓮參加抗議活動受傷，現在人躺在郵局，但到處都是警察，她根本進不去，如果再拖延下去，貝蓮一定會死掉！看著丹尼爾妻子的慌亂無助，哥斯達忍痛丟下劇組，硬著頭皮開車去找貝蓮，因為萬一貝蓮有三長兩短，他一輩子都會良心不安。隨著軍隊的鎮壓，此時的科恰班巴根本就是一個危城，到處是軍民對峙，哥斯達終於到郵局找到腿被打傷、奄奄一息的貝蓮，也及時將她送到醫院救治。

劇情發展到這裡，電影劇組工作人員的行為發生很大的變化。導演塞巴斯提恩在電影一開始時對印第安人的處境感到同情，其他白人演員也曾經或多或少表達他們的正義感，但是到了危急時刻，這些人變得只擔心自己的安危，塞巴斯提恩更是只想著電影。而原本製片哥斯達是整個戲中最市儈、最現實的商人，甚至毫不掩飾對原住民歧視心態，卻在最後一刻願意拋下一切，冒著生命危險去援救他所謂的廉價臨時演員，這個良心的覺醒，也算是白人的救贖吧！最後哥斯達回到當初拍攝的片廠，當地已經是一片狼藉，他隨手拾起在桌上的劇本，回頭一望，丹尼爾緩緩走進來，哥斯達從口袋中拿出一張「跨國水公司放棄玻利維亞」的剪報，遞給丹尼爾，丹尼爾拿著剪報，內心百感交集，喃喃道：「我們付出太多代價了，但願有其他解決辦法……」。

科恰班巴市的「水戰爭」最後以阿瓜斯自來水公司宣布退出該城市的自來水系統而告終。玻利維亞政府說該公司沒有確實履行合約，因而中止雙方的合作契約；而阿瓜斯公司則認為自己是被迫撤出科恰班巴市，轉而對玻利維亞政府提起商業訴訟並要求四千萬美元的賠償。世界銀行在事後仍然堅持立場，認為對自來水這類公共服務進行補貼或免費供應的措施將「導致人們對資源的濫用」。科恰班巴的水戰爭後來成為一些團體進行反全球化及反跨國公司運動所高舉的象徵，但是科恰班巴市因為缺乏資金維護自來水系統，仍有許多居民無自來水可用，而必須用市價十倍的錢來買水。

丹尼爾角所扮演的「哈德威」在歷史上真有其人，這位英勇的原住民領袖最後卻被西班牙人逮捕處死
來源：IMDB 電影資料庫網站：http://www.imdb.com/title/tt1422032/?ref_=ttmd_md_nm

長期貧困被剝削，拉美成為孕育反美左派的溫床

玻利維亞所面臨的問題可以說是整個拉丁美洲的縮影：因為歷史原因，許多國家的政治與經濟資源都掌握在少數的白人菁英手裡，為數眾多的印第安原住民則普遍貧窮。許多國家雖然擁有豐富礦產或種植咖啡等自然資源，但是經濟卻一直沒有起色。一九六〇年代，在聯合國進行研究的一些左派經濟學家發展出一種學說來解釋這種現象，稱之為「依賴理論」（Dependency Theory）。這派理論認為資本主義下的全球經濟結構本質是不平等的，其中具有工業技術與發展資本的歐美富國可以製造出具有高附加價值的汽車及工業產品，被稱為核心國家；但是拉丁美洲等發展中國家只能輸出礦產及農產品等自然資源，在全球資本主義體系中處於邊陲，雙方貿易本質上是一種「不平等的交換」，註定讓北方富國利用經濟手段「剝削」南方的窮國，結果核心國家越來越富有，而邊陲國家則越來越窮。而核心國家為了能夠有效掠奪邊陲國家的資源，會拉攏後者社會內部的菁英集團，使其在國內能夠持續有效掌控政治權力並壓制反抗勢力，進而讓北方的跨國公司進行強取豪奪。

「依賴理論」對於解釋拉丁美洲的發展困境具有很強的說服力，但是要如何擺脫這種困境，這套理論卻很難提出有效的方法。當然最激烈的方式就是斷絕和資本主義經濟體系

的聯繫，自我發展出重視資源公平分配的社會與經濟制度。這使得左派——特別是激烈的反美左派運動——在拉丁美洲一直具有很強的吸引力。二〇〇四年有一部名為「革命前夕的摩托車日記」（The Motorcycle Diaries）的電影，講述兩個阿根廷的年輕人騎摩托車在南美洲大陸旅行的故事。這個故事的主角正是後來成為馬克思主義革命家、古巴革命領導人的切・格瓦拉（Che Guevara），扮演「切」的演員正是「時代啟示錄」裡扮演塞巴斯提恩的墨西哥演員蓋爾・賈西亞・貝納（Gael Garcia Bernal）。一九五二年，當時還在念醫學院的格瓦拉和他的學長阿爾貝托（Alberto）騎著一輛破舊的摩托車展開南美大陸之旅。在途中他們看到了這片土地的壯麗，但也看到了經濟不平等所造成的貧窮現象。切・格瓦拉在旅行結束後乾脆連醫生都不當了，跑去古巴和卡斯楚（Fidel Castro）搞革命。「摩托車日記」這部電影根據的正是當年格瓦拉在旅行中所寫下的日記，劇情大致忠於原著。要是不知道切・格瓦拉的人可能會以為這只是一部描寫年輕人冒險的公路電影，但是我們還是可以隨著劇情的發展看到他內心的變化，理解為什麼切這樣的富家公子最後會走上革命的道路。古巴革命成功後，切・格瓦拉曾擔任工業部長及中央銀行總裁，但是後來卻選擇放棄一切，繼續到世界各地推動革命。一九六七年，切・格瓦拉在玻利維亞山區被美國中情局及政府軍俘虜，隨後慘遭處決，年僅三十九歲。

時至今日，切・格瓦拉仍然是拉丁美洲家喻戶曉的英雄人物，他當年被逮捕處決的地方——也就是本電影故事的所在地玻利維亞——在二〇〇五年舉行總統大選，由具有原住民血統的古柯鹼農夫莫拉雷斯（Evo Morales）當選總統。成為該國歷史上第一位非西班牙裔的國家領導人，也是第一位真正出身左派的總統。莫拉雷斯當選後矢志促進社會平等、減少貧窮，並堅決抗拒西方跨國公司的勢力入侵。二〇一〇年國內曾經引進一部名叫「南方安逸」（Southern District）的電影，講的正是玻利維亞政治變化過程中上流社會白人和下層原住民之間的關係變化，可以作為「時代啟示錄」之外的另一部參考影片。

從原住民對抗西班牙人入侵到今日的玻利維亞居民抗拒跨國公司的蠻橫政策，拉丁美洲特殊社會經濟體制下所存在的矛盾一一透過電影浮現出來。「時代啟示錄」這部電影藉由古今、虛實交錯表現方式，增添電影的豐富與層次性，是很用心的安排，也是瞭解拉丁美洲發展困境的一部佳片。

12

抵抗國家暴力與普世人權價值的實踐——翁山蘇姬：以愛之名（*the Lady*）

請你用你的自由來促進我們的自由。

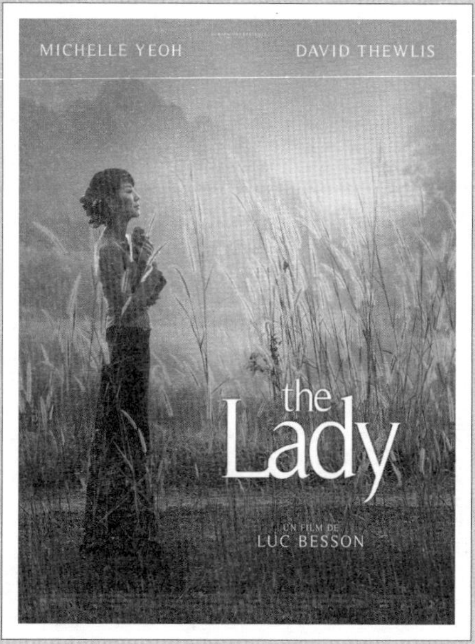

法國歐羅巴影業（EuropaCorp）
二〇一一年出品

來源：Impawards 電影海報網
http://www.impawards.com/intl/misc/2011/lady_ver4.html

傳記類型的電影一直是很受歡迎的題材，一來故事是現成的，只要做好主人翁的研究，劇本就成功一半；再加上多數人對主角有一定的熟悉度，在宣傳上也較容易獲得認同。

一般而言，大部分的傳記電影還是以角色忠實重現的方式為主，如此雖大大壓抑了觀眾對角色的想像空間，但這也是高度考驗演員的表演技巧。筆者印象最深刻的是好萊塢著名演員梅莉・史翠普（Meryl Streep），二〇〇六年她在「穿著Prada的惡魔」飾演影射《Vogue》雜誌總編輯安娜・溫圖，她是時尚女王，但也是苛薄得令人咬牙切齒的女上司；二〇〇九年在「美味關係」飾演美國知名的電視主廚茱莉亞・柴爾德（Julia Child），是個有著高亢口音，身形高大，帶點傻勁、溫暖又率直的家庭主婦；在二〇一一年則出演名聞遐耳、叱咤一時的「鐵娘子」柴契爾夫人，梅姨不但外型極端神似，更將這個性強悍、不易妥協的女強人演得絲絲入扣，這個角色更讓她贏得奧斯卡最佳女主角。梅姨短短幾年，出演三個截然不同性格的女性，卻都恰如其分，充滿說服力。也有部分傳記電影，另闢蹊徑，以再創造的方式重塑傳記人物，例如「莎翁情史」、「珍愛來臨」等片，巧妙地將英國文豪莎士比亞與珍・奧斯汀，融入他們自己的創作中，在「莎翁情史」中讀者可以透過他們最熟悉的「羅密歐與茱莉葉」看到莎士比亞如何談戀愛；或是在「珍愛來臨」透過珍・奧斯汀談戀愛看到世界名著「傲慢與偏見」的雛形。

而本篇介紹的「以愛之名」與「鐵娘子」一樣，都是忠於史實與追求人物再現的傳記電影。就像梅莉．史翠普扮演的柴契爾夫人，活脫脫是從歷史裡走出來一樣；飾演翁山蘇姬的華人女星楊紫瓊，也在外型上下了極大的功夫，已經是很苗條的她，因為翁山蘇姬兒子的一句話：「我媽媽比你瘦很多！」硬是將體重減到四十公斤以下。梅莉史翠普模仿柴契爾夫人的英國腔，楊紫瓊也苦練緬甸話，在劇中親自以緬甸話發表了四分鐘的演講，真是不簡單。

之所以選擇「以愛之名」這部電影，是想說明「國際輿論」是不是有能力改變某些國家的命運，「國際社會」是不是能夠創造並促進自由、人權等價值。一九四八年聯合國通過「世界人權宣言」，這是人類社會有史以來第一個將人權作為普世標準的國際公約，並且將促進所有人類的自由平等作為國際社會的發展目標之一。之後聯合國又通過了幾個與人權相關的國際公約，其中最重要的是「公民權利與政治權利公約」，以及「經濟、社會及文化權利國際公約」。這兩個公約都在一九七六年正式生效。

但是即使這些國際條約已經生效，並不代表所有的國家都會完全遵守。按照「自由之家」（Freedom House）的統計，截至二〇一三年為止，全球一百九十五個國家中，有半數（九十個）被稱為「完全自由」，五十八個屬於「部分自由」，另外四十七個則是「不自由」國家。也就是說，今天全世界有半數的國家其人民仍然沒有辦法達到自由。我們該怎麼辦？是放任那些生活在水深火熱中的人民自生自滅，還是利用政治經濟等手段來迫使獨裁國家進行改革？國際輿論的力量到底能達到什麼效果？緬甸剛好就是近年來國際社會所關切的一個案例。

就以台灣自己為例，立法院在二〇〇九年通過「公民權利與政治權利公約」及「經濟、社會及文化權利國際公約」施行法，此法經總統公布生效後，上述兩公約所揭示保障人權之規定，具有「國內法律」效力，但諷刺的是，在死刑這個議題上，台灣政府對兩公約根本是視若無睹，在《公民與政治權利國際公約 ICCPR》第六條就有明確規範，廢除死刑是 ICCPR 的精神所在，但台灣死刑的執行，反而在通過該施行法後，死灰復燃，大行其道，自二〇一〇年至二〇一四年五年間，共執行了二十六次死刑犯槍決，反而在這兩公約通過之前的二〇〇六年至二〇〇九年之間，在當時民進黨政府刻意的減少執行死刑下，並沒有處決任何死刑犯。

因為緬甸，翁山蘇姬與一生最愛的兩個男人生離死別

彷彿在講故事般，一個童稚的女孩聲央求父親講故事，慈祥的父親開始說著：「緬甸曾經是金色淨土……」，電影一開始的畫面如此詩意寧靜，長鏡頭下的緬甸錯落著大大小小的佛寺尖塔，在迷濛破曉的清晨，就如女孩父親所言，是片金色淨土。

院子裡的燕子湖畔，坐在竹椅上的父親向小女孩描述著遠古的美麗緬甸，是有著大片柚木與烏木的森林，老虎徘徊在叢林、大象在廣袤的平原中漫步，擁有比天空還湛藍的藍寶石、比女孩臉頰更紅潤的紅寶石，還有好多無法想像的美麗寶石……。「然後呢？」小女孩嬌憨地向爸爸追問著，父親接下去的故事，卻不再美麗，他訴說著士兵從遠方的土地過來，奪取並占有緬甸人的財產，所以緬甸變得很窮苦……，故事說到一半的父親，看著緩緩駛進庭院的公務車，他將小女孩抱了起來，在她的鬢角上插上一朵蘭花，向女孩揮揮手，大步走向公務車。而這一揮手，卻是他跟女孩的生離死別。

這個年輕的父親就是領導緬甸走向獨立的翁山將軍。時值二戰剛結束，緬甸恢復戰前英國殖民管轄狀態，翁山在英屬緬甸政府裡擔任總理，正與英國進行緬甸獨立的談判，但在一九四七年七月十九日這天，也是他與他心愛女兒道別這天，翁山與六名閣僚討論建立

新政府時，被叛軍暗殺，當時他才三十二歲，而那個小女孩——翁山蘇姬，也才兩歲。

時序馬上跳接到一九九八年的英國牛津，在昏暗的醫院裡，一名孱弱的男子孤單地坐在長椅上候診，聽到護士的呼喚，男子緩緩走進診療室，短暫的寒暄後，醫生開門見山地解釋他的病情，他說這種病很難預測，短則五個月，長則五年，他希望男子能夠好好準備後事，男子一臉疲倦與木然，醫生摘下眼鏡，看著他的病患，友善地問：「要請護士連絡你太太來接你嗎？」男子有些驚訝：「我太太？但願她能！她現在住在緬甸……。」

這名男子就是翁山蘇姬的丈夫——麥可．艾利斯（Michael Aris），是牛津大學教授（他其實是一名非常有名的佛教與西藏文化專家）。麥可離開醫院後，彷佛沒發生什麼事一般，他回到學校，照樣教書；回到家裡，他冷靜的與友人談論他的病情，友人勸他將他的病情告知人在緬甸的翁山蘇姬，但是麥可不願意，因為一旦翁山蘇姬離開緬甸，就永遠回不去了。友人不解的抗議，那你自己呢？她是你的老婆，孩子的母親啊！麥克淡淡地表示，她現在不可能離開，已經犧牲太多生命，流太多血了，還有數以百萬的人民都指望她。友人離去後，麥可環顧室內，不禁回想到十年前，翁山蘇姬在桌上振筆疾書的身影，以及兩個小孩放學回家急著吃媽媽做的緬甸菜……。

電影看到這裡，筆者才瞭解到導演這樣安排的用意。緬甸經過數十年的鎖國，台灣對其接觸少之又少，而涉及緬甸的電影更是稀少，多數人對這個國家的感覺是既陌生又神秘。筆者比較有印象的是一九五六年日本導演市川崑的「緬甸的豎琴」與一九九〇年台灣導演朱延平的「異域」。「緬甸的豎琴」是描述二戰末期，一支駐紮在緬甸的日軍負隅頑抗的故事，以一名日軍的眼光控訴戰爭的不義與殘忍；「異域」則是描述國共內戰後，一支敗退的國民黨軍隊身陷緬甸邊境的孤立無援。兩部電影背景雖是在緬甸，但主線都不是緬甸，對緬甸的描述也不夠深刻。因此翁山蘇姬在台灣上映時，實在滿懷期待，這是少見探討緬甸政治的電影，但第一次看後，有點失望，因為這部電影用太多篇幅描寫翁山蘇姬與家人的聯繫，尤其是丈夫為營救她的奔走，覺得這又是西方觀點的弊病，過於彰揚英國丈夫對翁山蘇姬、對緬甸民主的貢獻，也由於敘事觀點的偏移，在描述緬甸軍政府的作為與其他爭取民主的異議人士的塑造上就流於淺薄粗糙，有點可惜。不過在觀看第二次後，才體會到導演劇情安排上的巧思，導演在電影一開始安排了二歲的翁山蘇姬與父親的死別；接下來又跳到即將與丈夫死別，翁山蘇姬這輩子最愛最重要的兩個男人，都因為緬甸，讓她不能陪伴在他們身邊，這種感情上的犧牲，雖與流血革命形式不同，但同等痛苦！實際上，在翁山蘇姬尚未回國參與政治前，確實是一個再平凡不過的家庭主婦，導演從她捨棄家人的感情切入，微觀中更顯真實。

遠走異鄉多年，重回緬甸，決心投入政治

回到電影。時序回到一九八八年，緬甸正發生「八八八八」民主運動，就是在一九八八年八月八日年發生的一場爭取民主的大規模示威活動，抗議學生要求政府結束一九六二年政變以來的軍事獨裁高壓體制。遠在英國牛津的翁山蘇姬夫妻從電視觀看著緬甸政府的血腥鎮壓，這時翁山蘇姬接到母親中風病危的電話通知，希望她趕回緬甸。

翁山蘇姬匆忙整理行李，跟依依不捨的小兒子答應一、兩週內就會回來後，就兼程趕回緬甸。一到仰光機場，來接機的舅舅叨叨絮絮向翁山蘇姬抱怨這次的示威肇因於獨裁大將軍奈溫（Ne Win）的迷信，他們禁止任何不是九的倍數面額的錢幣，大學也不再提供免費午餐，所以學生才會上街。其實翁山蘇姬一下飛機就被軍政府嚴密監控著，她到哪裡，跟什麼人說什麼話，還有會待多久都隨時被記錄回報，就連她打電話回家報平安，都被監聽，一旦她提到國內任何情勢，電話馬上就被切斷。

這天在醫院照顧母親的翁山蘇姬，正專注看著甘地傳，突然一陣騷動，原來軍政府開槍鎮壓示威的學生，受傷的學生到處逃竄躲避，圍著紅領巾持槍的軍人連醫院也不放過，一進醫院見人就打，醫生上前理論，也被軍人毫不留情地就地處決，翁山蘇姬被這一幕震

懾住了，不知所措地她被人拖離現場。

翁山將軍死後，翁山蘇姬在母親的撫養下長大，其母親欽姬（Khin Kyi）後來轉而從政，擔任緬甸首任社會福利部長，並在一九六〇年被任命為駐印度大使。翁山蘇姬在成長過程中有一段時間是在印度居住，因此對甘地的非暴力抗爭理念應該非常熟悉。後來她在緬甸領導的民主運動也的確可以看到甘地主義的影響。

母親的病情不見好轉，翁山蘇姬決定將母親接回老家照顧，當她回到仰光那個有著廣大院子的洋樓，父親當年坐的竹椅依舊佇立燕子湖畔，小時候的回憶一一浮現。但是迎接翁山蘇姬的不只是小時候的回憶而已，一群仰光的學者、作家也因為得知國父翁山的女兒回到緬甸，他們熱切地求見翁山蘇姬。

緬甸軍政府領導奈溫將軍對於翁山蘇姬回國感到惴惴不安，迷信的他向巫師乞求指示，巫師說是翁山將軍的鬼魂作祟，而且現在有一個靈魂從遙遠的地方回來幫她，奈溫說那要除掉這個人嗎？但巫師說靈魂變成鬼魂時更危險！奈溫請示巫師要如何擺脫她？巫師閉著臉，緩緩地吐出：「如果人民處於和平，他們就不需要那個靈魂了……。」

麥可帶著兩個兒子風塵僕僕飛到仰光跟翁山蘇姬團聚，他們發覺翁山蘇姬已經不是在牛津時單純的家庭主婦。在仰光，她的家總是高朋滿座，聚集著對時政不滿的知識份子。奈溫聽信巫師的建議，決定善意回應學生的示威抗議，他向全國廣播，表示他將會辭職，辦理總統與國會大選。奈溫這項宣布鼓舞了異議份子，幾名仰光大學的歷史學教授前來拜訪翁山蘇姬，勸進她投入選舉，因為身為翁山的女兒，她是目前唯一能號召人民，領導緬甸走向民主的人。

幾經思考，翁山蘇姬決定投入總統大選，她的決定，在緬甸引發風潮，在軍政府嚴密的控制下，人民雖不能大肆宣傳，但是大家口耳相傳，也熱烈期盼她在八月十六日在宗教聖地大金塔的演說。翁山蘇姬的投入，讓奈溫惱羞成怒，簡直是氣炸了，他派人幹掉巫師，馬上改弦易轍，採取高壓的手段鎮壓反對勢力。

緬甸獨裁者奈溫的迷信是舉世有名的，他曾經因為深信自己的幸運數字是「五」而發行面額為二十五、三十五、七十五元等怪異數字的貨幣，後來又在一九八七年發行四十五及九十元面額的貨幣（只因為他的幸運數字已經變成九），並宣布舊的貨幣通通無效，就是這件事讓緬甸人民忍無可忍，引發八八八八民主革命，也讓當時回國探親的翁山蘇姬從此投入民主運動。

軍政府強力打壓，趕走麥可，軟禁翁山蘇姬

八月二十六日當天，翁山蘇姬在人民夾道歡迎下，走入會場，翁山蘇姬面對著心愛的丈夫表達她不安的情緒，因為這是她人生的第一場公開演講。她緩緩地步上講台，面對成千上萬殷切期盼的人民，翁山蘇姬深深吸了一口氣，然後她用堅定的語氣：「……我確實一直生活在國外，我也確實嫁給外國人，即使這些都是事實，我對母國的愛與奉獻，永遠不會減少。……身為先父的女兒，我不可能對於眼前的事無動於衷。我要呼籲，要儘快實行自由和公平的選舉。」翁山蘇姬在大金塔的演說，可說是她踏上政治生涯的開始。

在大金塔演講後，翁山蘇姬魅力所向披靡，她成為媒體的寵兒，人民從各地蜂湧而來，匯集在她門前，只為了見她一面，聽她講話。翁山蘇姬這時也成立了新政黨——全國民主聯盟，在丈夫麥可與英國大使館的幫助下，他們印製各種宣傳文宣，向民眾發送，但也因為麥可的積極介入選舉，惹惱了軍政府，在毫無理由的情況下，他們取消了麥克的簽證，將他趕回英國。

但軍政府高壓的舉動，並沒有嚇退翁山蘇姬，相反地，她的競選活動更積極，她深入偏鄉、深入各族群，宣揚民主與人權理念，越來越贏得民心。但是這時翁山蘇姬的母親

卻撤手人寰，軍政府逮住這個機會，以其母親去逝，翁山蘇姬已經沒有理由再留在緬甸，要求她馬上離開。但是翁山蘇姬以她還有一場選舉為由，不願離開。眼見無法勸離翁山蘇姬，奈溫決定以更高壓的手段對付翁山蘇姬。在一場全國民主聯盟的聚會裡，軍政府派軍隊列隊舉槍喝阻她，翁山蘇姬不為所動，面對數十枝槍桿，她毫無所懼走向前去，在指揮官大聲斥喝，威脅開槍的聲浪中，翁山蘇姬緩緩步入軍隊高舉的槍陣中，縱然手槍抵在她額前，她絲毫不退，翁山蘇姬的大無懼，也震懾了指揮官，指揮官莫可奈何，只能摸摸鼻子撤退。翁山蘇姬一個人逼退軍隊的事蹟像炸開般，馬上傳遍大街小巷，人們到處傳頌翁山蘇姬的神奇事蹟，就像女英雄般，被人民崇拜著。

眼見翁山蘇姬風潮壓抑不住，奈溫使出最後殺手鐧，他下令逮捕支持翁山蘇姬的民眾，有的被送去邊界強迫勞動，有的是處決，軍政府對緬甸民眾的手段越來越凶狠，各種凌虐暴行不斷發生，翁山將軍的舊部屬一個個都被捉走，翁山蘇姬幾乎無能為力，自己也命在旦夕。人在英國的麥可擔心妻子的安危，他開始奔走，協助翁山蘇姬爭取諾貝爾和平獎的提名，想藉著擴大翁山蘇姬的國際影響力，讓緬甸政府不敢對她下手。

諾貝爾和平獎是由瑞典富豪與發明家諾貝爾（Alfred Nobel）在一九〇〇年所創立，旨在表揚「為促進民族國家團結友好、取消或裁減軍備以及為和平會議的組織和宣傳盡到最大努力或作出最大貢獻的人」。在過去一百多年來，諾貝爾和平獎逐漸發展成為對於促進世界和平的個人或組織予以正式肯定的最高榮譽。許多世界知名的偉人都曾經是諾貝爾和平獎得主，例如史懷哲醫師、德雷莎修女、金恩博士（美國民權運動領袖）、西藏精神領袖達賴喇嘛等。有的時候這個獎項會頒給促進國家間政治和解、或區域和平的政治領袖，例如南韓大統領金大中、美國國務卿季辛吉。有的時候和平獎的得主是在國內從事民主或獨立運動，或是促進族群間和解而受到肯定，例如南非總統曼德拉、波蘭團結工聯領袖華勒沙等。每年諾貝爾和平獎的公布及頒獎都會引起全球的矚目，而和平獎得主也因此在國際社會享有極高的聲望。提名翁山蘇姬角逐諾貝爾和平獎的確是讓國際社會瞭解她的處境，並控訴緬甸政府獨裁專制的一招妙棋。

翁山蘇姬可望獲得諾貝爾和平獎的事，更讓奈溫決定切斷她所有的對外網絡，因為他們認為只要讓她隔絕於人群之外，一定會讓國內外的人遺忘了她，於是他們開始軟禁翁山蘇姬。他們在翁山蘇姬家的圍牆上架起高聳的蛇龍，剪斷電話線，將門牌號碼打掉，除了翁山蘇姬的家人，所有人全被驅除出她的家。此外，奈溫也開始大規模逮捕翁山蘇姬的黨員，所有與她有關的人全部被逮捕入獄，多數被關進全國最大的監獄——永盛，而永盛監獄以關押政治犯與極惡劣衛生環境聞名，例如關人進狗籠與狗同寢同食。

麥可再度前往緬甸探訪翁山蘇姬，但他發現翁山蘇姬已經奄奄一息，因為多數同事被捉，被軟禁的她決定絕食抗議，麥可不忍妻子受苦，他與奈溫政府談條件，他提議如果奈溫能改善這些政治犯的待遇，翁山蘇姬也將恢復進食，否則她將持續絕食至死亡。為怕翁山蘇姬死亡招致國際社會的譴責，奈溫不得不接受，不過犯人的生活條件也不過是從狗籠移出而已。

再怎麼不捨，也終須一別，在翁山蘇姬不願離開緬甸的情況下，她也只能含淚揮別最摯愛的丈夫與兒子，而麥可也準備回英國繼續為翁山蘇姬的和平獎努力。這時翁山蘇姬卻被緬甸政府以她的配偶為外國人，不符合候選人資格為由，宣布取消總統候選人資格。雖然翁山蘇姬的總統候選資格被取消，但她領導的全國民主聯盟卻在大選中贏得三百九十二席，軍政府僅有十席，獲得壓倒性的勝利。全國民眾歡天喜地地衝到翁山蘇姬的居所，呼喚她的名字，希望能看到她。但是軍政府卻宣布不承認選舉結果，不僅拒絕讓她出任總理，還以武力鎮壓民眾，將她徹底隔絕於民眾之外。

麥可不斷奔走，終獲諾貝爾和平獎

在麥可不斷遊說、奔走下，翁山蘇姬終於在一九九一年獲得諾貝爾和平獎。但是獨裁專斷的緬甸政府當然不可能讓她去領獎，只好由她的丈夫與兒子代表出席，她成為歷史上第三位因為受到本國政府打壓而無法親自出席領取諾貝爾和平獎的得主（後來還多了一位中國的劉曉波）。翁山蘇姬的大兒子在代表母親的致辭中說道：「我們必須記得那種孤獨掙扎，發生在仰光警備森嚴的隔離中，是全世界最重大掙扎的一部分……」。在仰光的翁山蘇姬透過錄音機，聽到這一段，也不禁潸然淚下。

縱然得到諾貝爾和平獎，翁山蘇姬仍持續被軟禁，麥可為營救她，不斷在聯合國遊說，透過屠圖主教（Desmond Tutu，另一位諾貝爾和平獎得主）的影響力，利用緬甸急欲加入泛亞協會的機會，日本代表團向緬甸軍政府提出條件，要求以釋放翁山蘇姬做為加入的條件，翁山蘇姬終於解除居家軟禁。雖然

翁山蘇姬對抗強權的勇氣讓她成為全球知名人物，也數度成為國際媒體的封面主角
來源：Time Magazine 網站
http://content.time.com/time/covers/0,16641,20110110,00.html

翁山蘇姬獲得自由，但為了逼她離開緬甸，軍政府故意地一再拒絕麥可的緬甸簽證申請，但翁山蘇姬夫婦不願屈服，翁山蘇姬知道一旦她離開緬甸，軍政府就不可能再讓她回來；而麥可縱然知道罹癌不久人世，他也不願翁山蘇姬離開緬甸來看他，直到一九九八年麥可過世，翁山蘇姬仍未能見他最後一面。

在這個部分電影情節和實際狀況有些不同，翁山蘇姬的確是在一九九五年七月被解除軟禁，但是其實並不是因為日本政府施壓，也沒有「泛亞協會」這個組織。當時國際社會的確開始對緬甸政府施加壓力，促使後者做出解除軟禁的決定。翁山蘇姬過了幾年的「自由」時間，而且因為擔心一離開緬甸就無法再回來，所以也不願出國。不過後來到了二〇〇〇年緬甸政府又繼續軟禁她，直到二〇一〇年為止。翁山蘇姬從一九八八年返國到二〇一〇年被釋放中的二十一年間，總共有十五年是處於被軟禁的狀態。

國際壓力迫使軍政府退讓，逐步進行改革開放

這部電影的最後一幕是二〇〇七年，畫面中有許多穿著紅色袈裟的僧侶、高舉佛教旗幟走上街頭，這就是著名的二〇〇七年「番紅花革命」（Saffron Revolution）。當時許多

僧侶自發性走上街頭，最後遊行至翁山蘇姬寓所，以「釋放翁山蘇姬」及「與政府對話」為訴求，參與遊行的人數最後竟然高達十萬人。緬甸政府隨即宣布宵禁，並開始大規模逮捕並毆打僧侶。國際社會對於緬甸政府的蠻橫手段反映激烈，聯合國秘書長甚至派特使前往緬甸瞭解情況（但是卻沒有辦法見到翁山蘇姬）。美國、歐盟相繼宣布對緬甸進行經濟制裁，這次革命讓緬甸執政者在國際上變得更加孤立。二〇〇八年五月緬甸遭到納吉斯颶風摧殘，十萬人死亡，百萬人無家可歸。緬甸政府甚至不讓國際救援團隊前來救災，最後聯合國秘書長潘基文親自飛到緬甸與軍政府主席丹瑞（Than Shwe）大將見面，才迫使緬甸政府同意開放外國團體進入賑災。

二〇一〇年十一月十三日，緬甸政府正式宣布解除對翁山蘇姬的軟禁，她在二〇一二年四月以緬甸全國民主聯盟的身分當選緬甸下議院議員，正式成為國會議員；當年六月，她前往奧斯陸參加挪威政府特地為她舉辦的和平獎頒獎儀式，並在九月間飛往美國訪問，獲頒美國國會的最高榮譽——金質勳章。而美國總統歐巴馬則在當年十一月飛抵緬甸，會見總統登盛（Thein Sein）與翁山蘇姬。目前緬甸正在登盛的領導下，逐步展開民主改革，而翁山蘇姬也已經宣布將參加二〇一五年的總統大選。看來國際輿論與諾貝爾和平獎對於促進翁山蘇姬個人的自由——以及緬甸人民的自由——還真的起到一定的作用。

至於在電影中所影射的獨裁者奈溫，在喪失政治權力之後，一直被軟禁在家中，其女婿和外孫後來更是以叛國罪名遭到處死。奈溫在二〇〇二年十二月過世，緬甸媒體對他的死訊沒有任何報導，其葬禮也沒有任何領導人出席。

13

一場骯髒的反毒戰爭——迫切的危機（*Clear and Present Danger*）

恐怕我追查下去，沒有人會喜歡我找出的真相！

美國派拉蒙影業（Paramount Pictures）
一九九四年出品

來源：Impawards 電影海報網
http://www.impawards.com/1994/clear_and_present_danger.html

諜報類型的電影，一直深受影迷歡迎，因為此類電影大多標榜炫技的武打動作與高科技配備，場面浩大，聲光效果驚人，而且主角個個英俊迷人、智勇雙全，例如歷久不衰的「〇〇七」或是「不可能的任務」，以及「神鬼認證」系列，都是此類電影的代表。但這些影片講究的是視覺特效與快速剪接的緊湊效果，只要背景設定符合國際關係現況，不致太離譜，在劇情上倒都是天馬行空，美其名為諜報片，但還是以賣弄特技科幻成分居多，傳統上的懸疑推理倒變成退而求其次了。

除了上述的大製作商業片，還有一類是諜報小說作者在軍事武器、情報系統與國際戰略的廣泛涉獵、專精研究創作的小說所改編的電影，當中翹楚的有英國的約翰・勒卡雷（John le Carré），他的作品大部分也都改編成影視作品，引進台灣而廣為人知的有「驚爆危機」（The Tailor of Panama，原小說的中文名叫巴拿馬裁縫）、「疑雲殺機」（The Constant Gardener）與「諜影行動」（Tinker, Tailor, Soldier, Spy）等片。勒卡雷的諜報小說，充滿英式的陰暗冷冽風格，主角都不是天賦異稟、十項全能的情報員，他們或多或少受限於環境或是自己性格上的缺陷，因此在處理問題上都處處掣肘、左支右絀，也讓觀眾為他們的處境感到不安，例如在「驚爆危機」中，那個鷩腳的情報員，不斷被線民一而再、再而三的謊言所騙，終至不可收拾；或是「疑雲殺機」裡那個因愛妻被殺，苦追真相，最後以身殉道求得真相大白的外交官。勒卡雷小說中的主角人物，相較於另一個英國小說家伊恩・佛萊明（Ian Fleming）所創造的〇〇七系列的詹姆斯龐德，實在遜色的多，但是與現實生活較貼近；不過勒卡雷對西方情報體系理解深刻，在劇情架構與現實世界權力關係的描寫也較佛萊明複雜的多。

除了勒卡雷，還有一個諜報小說大師湯姆・克蘭西（Tom Clancy），也就是本篇所介紹「迫切的危機」作者。湯姆・克蘭西與約翰・勒卡雷一樣，擅常描寫冷戰時期歐美各國與蘇聯的諜報對抗戰，不同的是，勒卡雷是英國人，所以他寫的是NATO（北約）與蘇聯的對抗；而出生於美國的湯姆・克蘭西，寫的當然就是美國與蘇聯的諜報戰。相較於勒卡雷，湯姆・克蘭西的諜報小說，更將視角延伸至政治鬥爭、軍事科技與恐怖組織，格局更大。值得一提的是，克蘭西小說對於軍事體系與技術的精確描寫，彷若身歷其境，實讓人佩服其用功之深，例如讓他揚名立萬的「獵殺紅色十月」（The Hunt for Red October），以及之後的「愛國者遊戲」（Patriot Games）、「恐懼的總和」（The Sum of All Fears）與「迫切的危機」……等等。克蘭西小說的主人翁，大概介於勒卡雷與弗萊明的主角之間，雖不是萬人迷，但也是剛毅不阿，果決有行動力的正派人物；而劇情雖不似〇〇七的誇張高調，但是也有軍事行動與槍林彈雨的動作戲，嚴謹的劇情加上充滿視覺娛樂的效果，因此克蘭西小說改編的電影，在全球都有極高的票房。

毒品——冷戰後美國最大的敵人

湯姆．克蘭西的作品，與多數的諜報小說一樣，有一個固定的主角，克蘭西的主角通常是傑克雷恩，本篇介紹的「迫切的危機」，是傑克雷恩（Jack Ryan）在任職美國中情局副局長時，發生一樁海上喋血案，所衍生出一連串白宮濫權的國家醜聞危機。而這個故事可說是克蘭西小說所改編的幾部電影裡，最接近現實的。一九八九年冷戰結束，和西方陣營對峙數十年的「敵人」蘇聯突然垮台了，美國頓時成為世界上唯一的超級強權。但如果美國不再面臨其他國家的威脅，那龐大的國防預算、情報體系等等也就變得沒有必要，因此美國有必要創造出一個「敵人」，而戕害人民身心的毒品，理所當然地成為美國政府意欲討伐的對象。

其實毒品氾濫本來就是美國社會頭痛的問題，特別是在一九六〇年代末期嬰兒潮成年之後出現的各式反社會體制活動中，吸食毒品成為風潮；越戰期間，美軍在戰場上靠毒品麻醉自己，又將產自金三角的海洛因走私進入美國境內，使得毒品成為嚴重的治安問題。前幾年有一部丹佐．華盛頓（Denzel Washington）與羅素．克洛（Russell Crowe）主演的「美國黑幫」（American Gangster），講的就是一九七〇年代一位紐約黑幫老大靠毒品崛起與覆滅的過程，當時電影裡他還親赴泰國北部向種植鴉片的國民黨部隊購買毒品。

一九八五年時，只有百分之六的美國民眾認為毒品氾濫是國家所面臨的頭號問題，但是到了一九八九年，這個數字迅速升高到百分之六十四。一九八九年美國老布希（H.W. Bush）總統上台後，立刻把打擊毒品走私提升為最優先的國家政策，不僅成立了專責機構「全國毒品控制政策辦公室」，還以巴拿馬統治者諾瑞加（Manuel Noriega）將軍販毒為由，出兵巴拿馬，將諾瑞加逮捕後送至邁阿密受審。「迫切的危機」這部電影裡所設定的班奈特（Bennett）總統角色，其身形、講話等特徵都與老布希總統相似，很明顯是以他作為影射對象，這部片其實也是美國在一九九〇年代初「反毒戰爭」外交政策的寫照。

這樁海上喋血案件，由於死者是總統的摯友與政治夥伴哈丁，一家人被發現全被槍殺在自家的豪華遊艇上，經過初步調查，可能與哥倫比亞毒梟有關，白宮因此成立專案，由美國中情局接手調查，副局長傑克雷恩是負責人。這一天，傑克雷恩接獲白宮的指令，前往白宮為總統做簡報。

聽完傑克雷恩的簡報，班奈特總統私下召喚他的安全顧問詹姆斯卡特，他向卡特大吐苦水，抱怨與哥倫比亞政府合作打擊毒梟的工作一事無成，毒販仍然為所欲為，似乎認為美國無能為力。此次好友的死於非命更令他震怒，氣到他真想對這些毒梟採取一些「真正」的行動，但這些所謂的「行動」卻是可做而不可說的！總統為了加強他這個難以啟齒行動的正當性，他再度強調這些販毒集團對美國的國家安全有立即而明顯的危機。這場班奈特總統與國安顧問詹姆斯卡特的戲雖只有短短幾分鐘，但班奈特這個隱晦、心照不宣的指令卻讓卡特拿雞毛當令箭，大搞反毒戰爭，引發了日後一堆難以收拾的爛攤子。

從命案調查到秘密軍事行動

而在哥倫比亞，卡里販毒集團也正為哈丁一家滅門命案發生爭執，原來是集團首腦歐內斯艾伯多氣憤哈丁私吞他的錢，因此派人狙殺哈丁一家人，但他的師爺、前古巴情報上校柯特斯（Cortez）卻大不以為然，他指責艾伯多的魯莽行為，因為哈丁是美國總統的好友與政治夥伴，這樣無疑是向美國政府宣戰！艾伯多心知簍子捅大了，但還是嘴硬，他大譏難不成美國政府會跑到哥倫比亞來抓他嗎？他認為師爺只是在恐嚇他。但柯特斯嚴正的警告艾伯多，如果只懂用槍不用腦袋，最後只有兩個結果：「一是我洗手不幹，二是你會喪命！」

就在雷恩執行調查哈丁滅門血案的同時，一向倚重他的局長格里爾（Gregory）卻因罹癌住院，他要求雷恩暫代局長的位子，並且要他留意局裡的大小事務，不得有任何隱瞞他的事，最後他給雷恩一個建議，如果想瞭解華府的政治，那就是"watch your back"（小心背後有人搞鬼！）。

事實上，中情局有兩個副局長的職位，一個是傑克雷恩，另一個是羅勃里特（Robert Ritter），格里爾局長指定雷恩暫代局長，讓國家安全顧問卡特（James Cutter）與里特非常不悅，因為雷恩剛正不阿的行事風格與他們格格不入，而國安顧問卡特為幫總統「分憂解勞」，正私下進行掃蕩哥倫比亞毒梟卡里集團的任務，他需要里特幫他執行，但聰明的里特也不是省油的燈，他要求卡特給他一份文件，證明這是總統的指令，否則東窗事發，他可不要當代罪羔羊，卡特從其所請馬上親自打了一份「總統授權情報局副局長羅勃里特執行互惠行動」文件，內容為「執行對抗卡里犯罪集團的準軍事行動」。而里特一拿到卡特的私下授權，馬上與國防部合作籌組特種部隊，準備進兵哥倫比亞，殲滅卡里販毒集團。

全世界流行的毒品大致可以分成四大類：第一類是鴉片以及其精煉品海洛英；第二類是古柯鹼；第三類是大麻；第四類是化學合成品苯丙胺類興奮劑（安非他命）。這些毒品的產地各有不同，其流行區域也不同。其中古柯鹼的產地主要集中在南美洲的哥倫比亞、秘魯、玻利維亞等三國，並經由墨西哥及加勒比海等地走私到美國。一九九〇年代初期，哥倫比亞卡里（Cali）和麥德林（Medellin）等地的毒梟富可敵國，但是在地方上樂善好施、濟貧扶弱，是平民眼中的大慈善家，他們的勢力極為龐大，甚至可以決定誰當總統。本片中的毒梟歐內斯艾伯多（Ernesto Escobedo）角色其實是根據當年哥倫比亞大毒梟巴羅布·埃斯科巴（Pablo Escobar）而設定的。一九八九年美國《富比士》雜誌甚至將他列為全球第七大富豪。

在雷恩這邊，也如火如荼調查哈丁一家滅門血案，終於被雷恩查到哈丁一直為毒梟洗錢的證明，而最近的一筆錢高達六億五千萬美金。當雷恩再度進白宮向總統簡報此事，總統一臉訝然，直說與哈丁認識了四十多年，從不知此事。總統好友幫毒梟洗錢一事被傳了出去，一定會被媒體窮追猛打，國安顧問卡特跟總統建議馬上與哈丁做切割，但雷恩反而跟總統建議，事已至此，倒不如跟記者坦誠你與哈丁的關係，如果被追問兩人關係有多好？就說是一輩子的好友，讓媒體無法見縫插針，沒什麼故事好發揮！雷恩的態度是，反正炸彈已爆，何必再去拆除引信管呢！最後總統採用雷恩的建議，讓媒體無話可說。此事可見卡特與雷恩兩人行事作風的不同，卡特是遇事隱瞞到底、全力切割；雷恩則是正面處理，毫不隱瞞。這兩種性格也成了劇情走向的關鍵。

為打擊哥倫比亞毒梟，雷恩要求政府撥款七千五百萬美元，他前往國會山莊出席聽證會，接受參議員的質詢，雖然參議員百般刁難，但最後還是同意撥款，但有一項但書，就是這筆錢絕不能用來從事秘密軍事行動。雷恩覺得這個要求很奇怪，他反問參議員：「你們為何有如此想法？」參議員信誓旦旦回曰：「就憑我的經驗豐富！」這兩句對話，雖然簡單，但很有意思，一方面反映出雷恩在政治上的單純天真；一方面也顯示民意代表對政府的長期不信任。

美國外交政策最被人詬病的地方之一就是表面上一副正氣凜然的模樣，以正義的使者自居，但私底下為了自身利益而不擇手段。美國派兵到其他國家進行秘密軍事行動早就不是新聞，一九七〇年代秘密派兵到寮國、高棉剿共，一九八〇年代秘密訓練尼加拉瓜的右派游擊隊、介入薩爾瓦多內戰，還曾經策劃智利、越南等國的政變，扶植親美的軍事強人執政。這些軍事行動對美國的國際形象造成很大的傷害，監督外交事務的參議院當然不能置之事外，所以才會用這樣的方式逼政府官員發誓絕對不能做出非法的行為。

但是雷恩的確是被蒙在鼓裡，在雷恩對著參議院發誓絕不會出兵哥倫比亞同時，在里特這邊已經派出美國最精銳的特種部隊秘密降落在卡里集團製毒基地附近的山區。經過多天的偵察，特種部隊成功攻進卡里的製毒工廠，將工廠爆炸破壞殆盡。

哥國毒梟布局暗殺美國調查局長，引發美國報復

雷恩奉總統指令前往哥倫比亞首都波哥大追查那筆六億五千多萬贓款下落，當他一步下飛機，前來迎接的美國藥物管理局特別調查員瓊福勒，馬上將他迎接上車，瓊福勒說若要活命，就不要呆站在車外，也千萬不要開窗！哥倫比亞毒梟的猖狂橫行，國際知名，他們甚至不把政府官員放在眼裡，槍殺檢察官、警察時有所聞。毒梟埃斯科巴甚至曾豢養了一支四萬人的軍隊！中情局長克里爾曾建議雷恩到哥倫比亞，可以諮詢前幹員克拉克，因此雷恩一到波哥大，馬上約見克拉克，向他探詢哈丁洗錢的贓款來源，克拉克話不多說，只留下「琳多咖啡」這個線索。原來「琳多咖啡」就是卡里集團的代號。

經過調查，雷恩越洋向班奈特總統匯報，確定哈丁的錢是來自哥倫比亞大毒梟歐內斯艾伯多，但是哥倫比亞政府可能會沒收這筆錢。雷恩的報告讓總統非常的不悅，他認為這筆錢是美國發現的，美國有權擁有，他要求雷恩跟哥國政府交涉，但雷恩表示他不是談判專家，總統探知聯邦調查局局長雅各曾是哥國法務部長同學，決定派雅各去哥國交涉。

聯邦調查局局長雅各出發前往哥國，他的秘書莫伊拉（Moira）趁著局長出國，馬上聯絡她的秘密情人相會，原來她的秘密情人竟是大毒梟艾伯多的師爺柯特斯，而多年來柯

特斯就是利用莫伊拉這條內線，預先知道美國的掃毒行動。不過莫伊拉並不知道這個蛇蠍情人已經有意殺她滅口，原來柯特斯已經密謀要取艾伯多而代之，他計畫趁雅各到哥倫比亞時殺了他，再嫁禍給艾伯多，讓美國對付艾伯多，他再坐收漁翁之利。因此他必須滅口莫伊拉，以免屆時美國調查時，莫伊拉將他供出來。可憐的莫伊拉不知情人是蛇蠍郎君，在與柯特斯溫存時，柯特斯狠心地扭斷莫伊拉脖子，莫伊拉當場香消玉殞。

在柯特斯親手結束莫伊拉的同時，調查局局長雅各也風塵僕僕抵達哥倫比亞。在雷恩迎接的車隊一駛離機場，雅各與雷恩馬上被盯稍，漸漸走進死亡的陷阱。他們車隊在偽裝的開道警騎引導下，駛進了柯特斯佈滿狙擊手的巷弄內，雷恩發覺路線的詭異，但為時已晚！狙擊手以火箭炮與機關槍攻擊雅各的車隊，雅各不幸遭狙擊身亡，雷恩負傷逃出。

美國總統對雅各的死感到憤怒，認為這是公然向美國挑戰；而卡特利用總統的憤怒，私下要求里特對哥國毒梟做出報復性的懲罰。而艾伯多這邊，也因為雅各的死感到驚訝，在聽了柯特斯的讒言與煽動後，艾伯多誤信是另一名毒梟的作為，因此他決定邀集所有毒梟見面釐清到底是誰做掉雅各；里特監聽到這個約定，決定一舉消滅這些販毒鉅子。有卡特在背後撐腰，里特簡直是吃了熊心豹子膽，他派出軍機，在艾伯多豪宅上空投擲炸彈，轟然一聲，豪宅頓時炸成一個大洞，所有老弱婦孺，不分青紅皂白，所有生命付之一炬。

而柯特斯因為來不及赴約，倖免於難。

電影裡美國聯邦調查局局長車隊在波哥大街頭遭狙擊，以及美國政府利用高科技炸彈攻擊毒梟豪宅的兩段都是很精彩的片段，不禁讓人懷疑在實際上是不是曾經發生過這樣的事情？一九八〇年代後期的哥倫比亞，的確與電影裡所描寫的情況頗為類似：主張緝毒的哥倫比亞的政治人物、美國大使館官員及眷屬、派駐在哥國緝毒官員等等，都曾遭到死亡威脅，哥倫比亞毒梟曾經在波哥大街頭暗殺過總統候選人，其囂張的行徑令人嘆為觀止。

國安顧問為了打擊毒品績效，私下與毒梟交易

雷恩回到美國，得知雅各的秘書莫伊拉與雅各同一天死亡，在取得莫伊拉的答錄機陌生男子的聲音後，他比對監聽艾伯多的錄音，發覺與師爺柯特斯的聲紋有百分之九十九的吻合，推知柯特斯與雅各被暗殺脫不了關係！另一方面，里特用炸彈殲滅艾伯多一家老小三十多口的殘忍手段，讓卡特大吃一驚，他指責里特連小孩也不放過，但里特推說是卡特要用強硬的手段，如今要改變主意也為時已晚了，里特表示他會將案子引導向汽車爆炸了結毒梟鬥爭。

雖然里特將艾伯多爆炸案的結論歸結為汽車爆炸，但雷恩還是認為案情並不單純，他發現這根本是美國發射「導彈」的結果。而同時師爺柯特斯也發覺艾伯多豪宅爆炸案的火藥元素是美國軍方所有。他發傳真給國安顧問卡特，警告卡特他已經知道美軍已經偷偷潛入哥倫比亞，展開了非法之戰，他要求卡特前往巴拿馬的金鴿酒店談判。在國安顧問卡特與柯特斯會面時，柯特斯向卡特提出一個條件，要求卡特趁這個機會支持他成為哥國毒梟的霸主，他承諾可以將把運入美國的毒品數量減半，而且答應可以讓美國警方大舉破獲毒品案，向人民交待。而卡特只要做一件事，就可以幫助他在哥國毒梟中成為共主，就是提供他美國特種部隊的確切位置，讓他殲滅他們，揚名立萬。

卡特與柯特斯私下會面的事，早被雷恩掌握；他同時也掌握到里特與卡特當初的秘密協議，與私下出兵哥倫比亞的事。他向里特質問，里特完全否認，反倒咬雷恩一口，推說出兵哥倫比亞是雷恩的決定，他完全不知道，他要雷恩自己向國會負責，況且他手上還有「總統授權情報局副局長羅勃里特執行互惠行動」做為保命符。

卡特與柯特斯做出魔鬼交易後，那支在哥倫比亞叢林打毒梟的美國特種部隊就此被美國政府出賣了，他們的位置被柯特斯掌握，卡特與里特也斷絕對他們的奧援，柯特斯派出大批人馬將美軍打得落花流水，死的死、俘的俘。這支特種部隊對美國求救的無線電，意外被美國藥物管理局監測到，特別調查員瓊福勒將這個求救的錄音轉交雷恩，雷恩才驚覺美國政府竟然讓這些軍人自生自滅。雷恩匆忙趕到波哥大，他找到克拉克，要求克拉克幫忙援救這些落入毒梟手裡的美國大兵。在克拉克的協助下，雷恩深入叢林，出生入死，終於救出殘存的美國大兵。大毒梟艾伯多最後發現柯特斯的陰謀，在質問他的時候，被柯特斯的保鑣反制，反而被殺；而柯特斯在屋頂追殺雷恩時，遭到美軍擊斃。

毒梟艾伯多角色其實是根據當年哥倫比亞大毒梟巴羅布．埃斯科巴而設定，圖為埃斯科巴本人照片
來源：Biography.com
http://www.biography.com/people/pablo-escobar-9542497

電影的最後這段其實有點影射著名大毒梟埃斯科巴的真實下場：一九九二年哥倫比亞政府以優渥的條件誘使他投降，將他安置在一個有如總統套房般的私人監獄裡，他在獄裡不僅繼續享受奢華生活，還能對外打電話直接指揮販毒生意，後來政府企圖將他遷移至其他監獄（也有一說是計畫將他引渡至美國），他得知後乾脆逃獄。接下來一年半，哥倫比亞軍警全力追緝他的下落，最後利用美國所提供的高科技電子偵測技術才探知他躲在麥德林市區的一處豪宅裡。軍警包圍豪宅進行攻堅，最後在屋頂將埃斯科巴和他的貼身保鑣雙雙擊斃。這一段情節因為太具戲劇性，後來有不少電影和電視劇都將其搬上螢幕。卡里和麥德林的販毒集團也在埃斯科巴死後逐漸沒落。

總統企圖卸責，雷恩決定出席參議院聽證會揭發

回到美國，雷恩再度到白宮，總統一見到雷恩，一臉無辜辯解：「我一直像你一樣給矇在鼓裡！」總統暗示雷恩：「這個問題要小心處理，否則人民會有所誤會！千萬不要在生氣時做下重要決定！」事實上，這部電影有幾場班奈特總統與國安顧問卡特的對話，每每都是班奈特用不置可否態度來回應卡特的建議，表面是卡特揣摩上意，自行其事，但實際上他們主從倆卻是依這套默契來遂行總統的意志，也因為這套決策機制，讓總統自以為可以置身事外，每每卸責。但是雷恩不吃這一套，他指責總統：「你卻這麼做，美國士兵和平民還因此喪命。」總統企圖掩飾：「我從沒下令……」雷恩大聲回嗆：「別跟我來這一套，別裝作若無其事，讓他們白白犧牲！」最後雷恩出席國會監督委員會，將此事公諸於世……。

雖然本片充滿了美式英雄風格，但其實本片的導演菲利普．諾艾斯（Phillip Noyce）是澳大利亞人，他在一九九〇年代到美國發展，「迫切的危機」算是最成功的一部，票房和評價都不錯。近年來他比較成功的商業片是安潔利娜．裘莉主演的「特務間諜」（Salt），不過在藝術成就上，他拍得最好的一部片是二〇〇二年的「沈靜的美國人」（The Quiet American），這部片講述美國在冷戰初期如何開始介入中南半島，片中設定的主角也

剛好是中情局間諜。

至於美國的「毒品戰爭」（War on Drugs）到底算不算成功？老布希政府宣稱在其四年任內，美國境內的古柯鹼使用量下降了百分之二十二，但是這個數字並不能證明是因為其反毒政策的效果所致，事實上有些研究指出中產階級或許因為瞭解毒品的危險而逐漸遠離，但社會中低階層使用毒品的人數反而比過去增加許多。直到今天，毒品還是對人類生命財產最大的威脅之一。例如近年來墨西哥北部和美國的交接地帶因為毒梟火拼，造成許多無辜的人民傷亡。估計從二〇〇六年至今，已經有至少六萬人死於毒品有關的暴力，有些統計甚至估計死亡人數高達十二萬人。另外還有兩萬七千多人處於「失蹤」狀態。之前美國前國務卿希拉蕊還稱墨西哥的情勢「已經與內戰無異」。對這些國家而言，毒品和毒梟還真的是「立即而明顯的危機」（Clear and Present Danger，本片的英文片名）。

14

與非洲獨裁者伴君如伴虎的人生——最後的蘇格蘭王（*The Last King of Scotland*）

他有些難以預測，但手段更強硬，這是非洲人唯一知道的事！

福斯探照燈影業（Fox Searchlight Pictures）
二〇〇六年出品

來源：來源：Impawards 電影海報網
http://www.impawards.com/2006/last_king_of_scotland.html

一向由黑人球員獨領風騷的美國職籃ＮＢＡ，二〇一四年四月發生洛杉磯快艇隊老闆史特林（Donald Sterling）遭女友錄音，錄音內容指向史特林對女友在照片分享平台Instagram貼上與「魔術」強生（Magic Johnson）的合照非常不爽，還要求她不要帶黑人來看快艇（Los Angeles Clippers）比賽。這段錄音一被揭露，在美國引發風暴，史特林也被ＮＢＡ執行長席佛（Adam Silver）下令終生不得參與ＮＢＡ活動。

靠著喬丹、魔術強生等眾多黑人球星日進斗金的ＮＢＡ，有八成是黑人球員，但在白人球隊老闆心中，歧視還是如此的露骨，實在令人咋舌！不過這只是冰山的一角，體育界是如此，在好萊塢，黑人演員所受的歧視與限制也是不遑多讓。

早期的美國娛樂界，黑人的角色多是丑角或是反派的角色，直到二十世紀的三十年代後，才開始有一些正面討喜的角色，最令人印象深刻的是在一九三九年出品的「亂世佳人」（Gone with the Wind），飾演女主角郝思嘉的奶媽哈蒂・麥克丹尼爾（Hattie McDaniel），她那喋喋不休、嘮叨的忠僕形象，不但讓她贏得了奧斯卡最佳女配角，而且還是黑人演員的第一座奧斯卡金像獎，雖然哈蒂・麥克丹尼爾大放異彩，但是這僅是少數特例，黑人演員還是最多僅能擔任配角。

到了六十年代，才真正產生了一位黑人巨星——薛尼．鮑迪，這位偉大的演員在一九六三年靠著「流浪漢」（Lilies of the Field）一片獲得奧斯卡最佳男主角，這時距離哈蒂．麥克丹尼爾已經又過了二十四年，值得一提的是，薛尼．鮑迪在一九六七年拍攝的三部電影：「吾愛吾師」（To Sir, with Love）、「惡夜追緝令」（In the Heat of the Night），以及「誰來晚餐」（Guess Who's Coming to Dinner），這些不但是深刻探討種族問題的佳作，在票房上也獲得極大的成功，也將薛尼．鮑迪推上主流明星之列，但有如哈蒂．麥克丹尼爾一樣，這也是少之又少黑人演員成功的案例，但不同的是這時的薛尼．鮑迪是獨當一面的主角。

但從一九六七年薛尼．鮑迪得到奧斯卡影帝後，隔了三十四年，才由丹佐．華盛頓在二〇〇一年以「震憾教育」（Training Day）再度贏得最佳男主角，這個曾被譽為世界最英俊的男人，獲獎無數，到現在都是好萊塢最有影響力的男演員之一。二〇〇一年更是黑人演員在好萊塢奮鬥數十年的收割時刻，除了丹佐．華盛頓，最佳女演員由黑人女演員荷莉．貝瑞以「擁抱豔陽天」（Monster's Ball）獲得，當年的男女主角獎項破天荒地皆由黑人演員奪得，更是黑人女演員的第一座女主角獎項。

之後在二〇〇四年再由黑人演員傑米．福克斯（Jamie Foxx）以「雷之心靈傳奇」

（Ray）再奪得第三座奧斯卡金像獎男主角獎。而本篇介紹「最後的蘇格蘭王」（The Last King of Scotland），飾演烏干達獨裁者阿敏（Idi Amin）的黑人演員佛瑞斯特・惠特克（Forest Whitaker）憑著精湛的演技，將阿敏陰晴不定的複雜心理狀態精確的詮釋，讓人感受到強者脆弱與狂暴同時並存的矛盾一面。惠特克所飾演的阿敏太過精彩，讓他橫掃當年大大小小演技獎項，包括二〇〇六年奧斯卡最佳男主角獎。也讓他成為歷史上第四位拿到最佳男主角的黑人演員。

事實上，這部電影的主角應是由詹姆斯・麥艾維（James McAvoy）飾演的尼可拉斯加瑞根（Nicholas Garrigan）醫生，藉由這個來自蘇格蘭的白人醫生來側寫烏干達獨裁者阿敏，因此戲情走向是隨著尼可拉斯在烏干達的一舉一動而起伏變化。但是惠特克的演技實在太出色了，以致觀眾幾乎都快忽略了片中的真正男主角詹姆斯・麥艾維。不過這也不是說詹姆斯・麥艾維的表現不好，實在是他的角色性格設定較不突出，在片中投機與愚昧的行徑也較不討喜，不如阿敏這個角色的大開大闔，較受人矚目。

誤入烏干達政治的蘇格蘭醫師

本片是根據吉利斯・福登（Giles Foden）的同名小說改編，劇中角色是虛構，描述蘇格蘭人尼可拉斯剛從醫學院畢業，前途似錦，父母也深引以為傲，但是年輕的他對這個垂手可得的成功與安逸的人生並不感到滿足。他覺得這一切太無聊、單調，午夜夢迴時，他甚至悶到狂叫出來。終於，他按捺不住，他閉著眼，轉著房裡的地球儀，隨手一指，就這樣指到了烏干達。

這部電影的背景是一九七〇年代的非洲國家烏干達。一九五〇到一九六〇年代，許多非洲國家脫離殖民統治而立國，原本受英國統治的烏干達也在一九六二年獨立成功，成為大英國協的一員（原本英國在東非的殖民地另外成立肯亞與坦尚尼亞兩國）。烏干達領土有很大一部分原本屬於一個稱作「布干達」（Buganda）的古老王國（為英國之保護國），因此布干達王國的國王慕特薩二世（Mutesa II）被遵奉為烏干達首任總統，後來慕特薩國王遭總理奧伯特（Milton Obote）與武裝部隊總司令阿敏罷黜而流亡國外，奧伯特繼任總統。阿敏在一九七一年一月二十五日發動政變，推翻奧伯特，成為烏干達的新任統治者。

鏡頭馬上跳到烏干達，這個「非洲的明珠」，尼可拉斯跟當地人坐在巴士上，一臉驚喜看著這個美麗國家原野景色，巴士在巔簸的紅泥土地上行駛著，尼可拉斯高興的與當地人談著、笑著，烏干達的這一切對他而言是那麼的新奇。

這時的烏干達，剛經歷一場軍事政變，阿敏將軍趕走總統奧伯特，當時烏干達政府腐敗，阿敏的掌權，呈現新氣象，人民以為好日子將要來臨了，因此大街小巷歡欣鼓舞，尼可拉斯看到新政府的成立，認為或許可以在這個國家一展抱負。

尼可拉斯最後在一個名叫莫甘保小村落落腳行醫，當地的醫療環境極為惡劣，只有一間殘破的教會醫院，院裡醫師除了尼可拉斯，就只有梅特里醫生夫婦。梅特里醫生對尼可拉斯說，這裡百分之八十的人還是相信巫醫，有時真會覺得我們是多餘的！不過烏干達的行醫日子，讓尼可拉斯大開眼界，他蹲在紅土地為小孩施打疫苗、在簡陋的開刀房裡為病人開刀，他也看到巫師為患者作法，烏干達的一切都為他生命增添更多不同的滋味，而他也樂在其中。

這一天，村裡有個慶典，女人們都歡樂地唱著歌，原來新總統阿敏要來了，尼可拉斯像村人一樣好奇，他跟梅特里太太也到鎮上看烏干達的這個新任總統。阿敏一副意氣風發，接受人民對他的歡呼，他對人民演說，向人民保證這是個做實事，而不是講空話的政府。尼可拉斯看著阿敏的演說，被阿敏的魅力傾倒，他跟著烏干達人民大聲歡呼。但是在他身旁的梅特里太太卻不以為然，她對尼可拉斯說，以前人民也是這樣歡迎奧伯特總統，直到他將整個國家財富變成他私人帳戶！你過兩年再看看吧！但是這時的尼可拉斯卻連奧伯特是誰一點概念都沒有，他已經完全被阿敏的個人魅力所征服。

就像之前所說，尼可拉斯醫生這個角色是虛構的，但是電影的情節大致上是根據一位叫阿瑟勒斯（Bob Astles）的英國人的親身經歷。他在很年輕的時候就從軍，並被派到非洲服役，後來就留在烏干達發展自己的事業——烏干達航空公司。剛開始他和總統奧伯特關係不錯，等到阿敏政變上台之後，阿瑟勒斯立刻轉而對後者效忠。不過阿敏很快就懷疑他不忠，將他逮捕入獄嚴刑拷打，並沒收他的公司。他出獄後被阿敏任命為顧問，負責對烏干達的政治與外交政策提供建言。此時阿敏在國際上已經聲名狼藉，但是阿瑟勒斯仍然繼續為阿敏服務。有人認為他必須為阿敏的許多荒誕政策負責，但他認為自己在那種環境下根本自身難保，因為他是總統身邊唯一的白人顧問，還得到一個「白老鼠」（White Rat）的綽號。這和電影中尼可拉斯被稱為「白猴子」（white monkey）有些類似。

在回程的路上，遇到阿敏的座車被牛撞到的車禍，阿敏受了傷，尼可拉斯表明身分，趕過去幫阿敏檢查，他俐落地幫阿敏處理傷口，但一旁受傷的牛不斷的呻吟哀嚎，尼可拉斯受不了牛的呻吟，影響他包紮阿敏，他隨手拔出阿敏的配槍，不加思索的將牛擊斃，尼可拉斯的果斷行動讓阿敏大為激賞，兩人因此聊了起來，當尼可拉斯談起自己是蘇格蘭人時，讓阿敏更為高興，因為他曾在蘇格蘭軍隊待過，他說要不是自己是烏干達人，他會想做蘇格蘭人！

隔天一大早，還在酣睡中的尼可拉斯被急促的敲門聲驚醒，原來是阿敏派醫療衛生部長約拿華斯瓦來接尼可拉斯去總統官邸，阿敏欣賞尼可拉斯，要求尼可拉斯擔任他私人醫生，受寵若驚的尼可拉斯遲疑地拒絕這項職務。不過阿敏還是誠心的邀請尼可拉斯參加晚宴，並貼心送他一套西裝。當尼可拉斯在西服店量製西裝時，對街正有軍人在逮捕人民，尼可拉斯訝異的問起發生什麼事，店裡另一名在英國大使館工作的客人史東告訴尼可拉斯這是阿敏正在逮捕前總統奧伯特的黨羽，他提醒尼可拉斯，阿敏比奧伯特有過之而無不及，手段更強硬，這是非洲人都知道的事！史東的冷漠甚至是幸災樂禍，讓尼可拉斯不屑，他望著史東離去的背影，暗罵道：「你自己也是如此，死英國佬！」

晚宴結束，尼可拉斯在總統官邸留宿，半夜總統侍衛急敲尼可拉斯房門，說總統病重，尼可拉斯趕到時，阿敏正摀著肚子，一臉痛苦，他指稱一定是奧伯特的人下毒，尼可拉斯看了總統床邊的阿斯匹靈，心知大概是什麼症狀，他施了一點小技巧，讓阿敏的屁順利排出，頓時讓阿敏腹痛症狀減輕不少，尼可拉斯這時才跟阿敏警告說以後喝了啤酒，別吃阿斯匹靈，阿敏對剛剛害怕被下毒的窘態感到難堪，但是尼可拉斯安慰他，說基於醫生的職責，他發誓一定會保密，尼可拉斯的保證，讓阿敏更欣賞他。經過這件事後，尼可拉斯決定接受阿敏私人醫生的工作。同時阿敏也希望尼可拉斯參與烏干達的醫療改革。

歐洲國家放手讓非洲各殖民地獨立的決定頗為倉促，甚至是以不負責任的方式離開。例如之前在討論電影「光榮時刻」時所說的：比利時在一九六〇年決定讓其殖民地剛果獨立，但只留下三十個剛果大學畢業生來管理原來擁有四千個高級行政職位的殖民地政府，結果造成剛果後來內戰頻仍。烏干達的情形其實也差不多。在電影裡可以看到原來殖民政府所培養出的一些高級技術人才及政府文官，被獨裁者阿敏當成猴子一樣戲耍，這些人的官位甚至生命都操縱在阿敏的手中，只要稍有不慎，就可能惹來殺身之禍。

誤進讒言導致官員慘死

在醫療部長帶著尼可拉斯參觀醫院設備時，英國大使館的史東（Stone）趁著尼可拉斯落單時向前攀談，他向尼可拉斯提醒，因為他與阿敏總統的特殊私人關係，如果有想要澄清這個特殊關係，英國外交部隨時隨地都會洗耳恭聽，不過天真的尼可拉斯對史東的警告完全未有警覺，他甚至輕蔑的調侃史東講的都是廢話。

在這裡電影處理了一下烏干達與前殖民母國英國的關係。歐洲各國讓非洲殖民地獨立之後，仍然想盡辦法維持在當地的經濟利益，但是因為這些國家的領導人往往是利用政變上台的獨夫，而不是受殖民地教育的高級知識份子，歐洲國家再也無法像過去一樣直接影響這些國家的政治。片中英國才會無所不用其極的想利用尼可拉斯這種能直接接觸「層峰」的英國人來瞭解烏干達的政治動向。

阿敏總統與尼可拉斯彼此的感情越來越好，阿敏也越來越寵信尼可拉斯，甚至要求尼可拉斯代表他參加會議，而尼可拉斯也頗享受阿敏對他的信任。但是另一方面，阿敏對國內的手段也越來越強硬，他不斷逮捕與處決前總統奧伯特的人馬。

在一次尼可拉斯醫治了阿敏第三個太太凱兒的兒子的癲癇後，阿敏高興地送了一台跑車給尼可拉斯，阿敏還要尼可拉斯馬上開著新車送他到機場，但在機場路上，阿敏與尼可拉斯卻遭叛軍的突襲，他們兩個九死一生，逃了出來。大難不死的阿敏，一口咬定一定是奧伯特的人幹的，對於自己行蹤暴露，更懷疑身邊一定有內賊。逃過一劫的尼可拉斯一次在假日酒店的酒吧看到醫療衛生部長約拿華斯瓦（Jonah Wasswa）與外國人攀談，他覺得兩人神情怪異，在一個偶然的機會下，他將此事告訴阿敏。

但過了不久，英國外交官史東告知尼可拉斯醫療衛生部長約拿華斯瓦下落不明，這時尼可拉斯才知道醫療衛生部長已經換了人。不過尼可拉斯仍然為阿敏辯護，他說因為是約拿華斯瓦挪用公款潛逃，這時史東才跟尼可拉斯告知那天約拿華斯瓦在假日酒店的酒吧與一個白人見面，是為了要救人，他們正在談一個跨國的盤尼西林的採購案。這時尼可拉斯才瞭解他犯的錯誤有多可怕，在政治上的理解他實在有夠天真！充滿罪惡感的他，決定離開這個是非之地。

他向阿敏辭行時，阿敏全力挽留，並以如果此時離開，人們一定會以為約拿華斯瓦的死與尼可拉斯有關，在阿敏半恐嚇下，尼可拉斯不得不繼續留了下來。而阿敏為了慰留尼可拉斯，在一個宴會上，送上一個美女，企圖以女色留住尼可拉斯。但尼可拉斯對此完全毫無戀棧，他的心思都被約拿華斯瓦因他而死所縈繞，他痛苦的一個人喝悶酒，這時阿敏的第三太太凱兒（Key）過來攀談，在酒精作崇下，尼可拉斯對凱兒大吐心裡的鬱悶，兩人竟一時意亂情迷，發生了關係。

為預防尼可拉斯離開，阿敏私下將尼可拉斯的英國護照沒收，改發給他烏干達護照；尼可拉斯連夜找史東求助，史東向尼可拉斯出示了阿敏迫害異己、殘殺同胞的紀錄，尼可拉斯這時才知道阿敏的殘酷暴行，史東對尼可拉斯說在大家的眼中，你不過只是阿敏的白猴子，而我們不會給你這樣滿手鮮血的「黑猩猩」護照，除非是將功贖罪，史東要求尼可拉斯利用可以近身接近阿敏的機會暗殺阿敏。這裡史東反指尼可拉斯為黑猩猩，而不是白猴子，應該是指他長期為阿敏作猖，比黑人還不如的意思吧。

暗殺不成，使計逃離烏干達

阿敏的施政每況愈下，對付政敵的手段也更凶狠，政策也變得越來越難預測，對外關係更是一團糟，他驅逐了所有亞洲人，跟英國公開決裂，尼可拉斯為亞洲人求情，卻被阿敏以這不關他的事叫他滾開！尼可拉斯的處境越來越艱難，他跟凱兒的關係也越來越緊密；但這時凱兒卻說她懷了他的孩子，凱兒怕東窗事發，只好偷偷跑到鄉下墮胎，不幸被阿敏發現，竟被殘忍地肢解而亡。

在歷史上阿敏真的有一位叫凱兒的太太，而她也真的因為與人有染懷孕後被殺害肢解。不過她的情人是一位叫慕卡薩（Mbalu Mukasa）的醫生。據說她是因為懷了慕卡薩的孩子而遭阿敏殺害，不過也有人認為她是在慕卡薩進行墮胎手術時死亡，真相至今仍然是一個謎。

看到凱兒淒慘的死狀，加深了尼可拉斯暗殺阿敏的決心，他趁著阿敏要求他提供頭痛藥的機會，將毒藥丸給了阿敏。但這時卻發生了巴勒斯坦恐怖份子劫持法航事件，飛機降落在烏干達的恩特比機場，阿敏認為這是烏干達在國際社會大大露臉的機會，他與高采烈地要求尼可拉斯陪他到機場解決這項人質危機。而這個發生在一九七六年的法國航空遭劫機事件，是由巴勒斯坦解放組織成員與德國恐怖組織「赤軍旅」所策劃，成功地將一架從特拉維夫到巴黎的飛機挾持到烏干達降落。當時阿敏的政治立場是親巴勒斯坦，因此他協助恐怖份子將所有人質扣留在舊航站大樓，並配合恐怖份子釋放所有機組人員與非以色列乘客。就在尼可拉斯協助檢查人質的身體狀況時，尼可拉斯意圖毒殺阿敏的藥被阿敏的安全人員查了出來，原來阿敏早就知道他跟凱兒的姦情，尼可拉斯馬上被逮捕，在被毒打一頓後，被阿敏用鐵勾子掛了起來，等著慢慢折磨死他。

在阿敏與隨從離開後，尼可拉斯的醫生同事均居不忍尼可拉斯的處境，他放下尼可拉斯，包紮他的傷口，幫他施打強心針，在脫掉自己的衣服給尼可拉斯套上後，他告訴尼可拉斯，阿敏將會安排專機載機組人員與非以色列人質離開烏干達，只要尼可拉斯能混進人質中，就能跟著人質飛出去，離開烏干達。均居醫生這麼做，是希望尼可拉斯活著出去將阿敏的惡行公諸於世，以做為救贖。在均居醫生的協助下，尼可拉斯混進人質中，跟他們登上飛機，等到阿敏發覺，飛機已經升空，揚長而去。

非洲發展困境：是天災還是人禍？

電影沒有處理的部分是恩特比劫機事件的後續發展。當時劫機者將非猶太人釋放離開，但仍然扣留了一百多位人質，並威脅要處死他們。僵持了一個星期後，以色列政府秘密派遣了一支一百人的特戰

烏干達獨裁者阿敏的怪異行徑讓他成為國際媒體嘲笑的對象，圖為當年西方媒體對阿敏的諷刺漫畫
來源：維基百科共享資源
http://commons.wikimedia.org/wiki/File:Idi_Amin_caricature2.jpg?uselang=zh-tw

隊員，從以色列本土飛行了四千公里後強行降落在恩特比機場，隨後展開攻堅行動以救出人質。槍戰進行了約九十分鐘，以色列特種部隊最後將所有七名劫機者打死，同時擊斃了四十五名烏干達士兵，摧毀三十架烏干達空軍的戰機。人質有三人死亡，但其他全部獲救。這次恩特比攻堅行動是當年全球最搶眼的頭條新聞，槍戰中不幸喪生的以色列特戰部隊指揮官納坦雅胡（Yonatan Natanyahu）中校被遵奉為國家英雄。他的弟弟正是以色列現任的總理班傑明・納坦雅胡（Benjamin Natanyahu）。

這部電影中所描寫的阿敏是一個熱情但易怒的人，完全符合當時外界對這位非洲獨裁者的描述。阿敏在烏干達共統治了九年，期間推出許多荒謬的政策，例如自封為「大英帝國征服者」（Conqueror of the British Empire），後來英國乾脆與烏干達斷交；阿敏還為了鞏固權位而濫殺無辜，前後殺了至少十萬人。外界傳說他嗜吃人肉，但更多人懷疑他古怪難以預測的個性源自大腦或精神方面的疾病。他的症狀頗為符合躁鬱症（bipolar disorder）的特徵，也有人認為是因為梅毒傷害大腦所導致。英國前外交大臣歐文（David Owen，他本來是一位醫師）在退休後所撰寫的《疾病與權力：診斷百年來各國領袖的疾病、抑鬱與狂妄》（左岸：二〇一一）一書對於世界各國領袖的精神狀態提出了許多專業的醫學判斷，他認為阿敏的精神問題不太可能是梅毒引起，因為梅毒是致命的，阿敏不可能活那麼久，但歐文也承認他無法解釋阿敏到底是什麼病。有趣的是，歐文剛好是阿敏在位時英國的外交大臣，他承認因為無力阻止阿敏大肆屠殺的行為，曾經和情報單位討論過要暗殺他。這點倒是和本電影情節有些類似。

獨裁者阿敏的故事看似荒謬，但這正是許多非洲國家都曾出現的現象。例如烏干達的鄰國剛果（Congo），獨立後四年被莫布圖（Mobutu Sese Sesko）以政變的方式奪取政權，並將國名改為薩伊（Zaire）。此後莫布圖獨攬大權，生活備極奢華（他和家人常常包下法國航空飛機到巴黎血拼），但也造成不滿他統治的部落群起反抗，到了一九九六年，盧安達圖西族（Tutsi）所組成的「盧安達愛國陣線」（Rwanda Patriotic Front），也就是在電影「盧安達飯店」最後反攻回來的那支叛軍，聯合烏干達政府軍及薩伊的叛軍攻打逃亡到薩伊境內的胡圖族（Hutu）。這場戰爭被外界稱為「第一次剛果戰爭」，後來薩伊叛軍領袖卡比拉（Laurent-Désiré Kabila）攻入首都，把莫布圖政權給推翻了。他立刻自立為總統，並把國號從薩伊改為「剛果民主共和國」（Democratic Republic of Congo）。後來卡比拉總統與支持他上台的這些外國軍隊鬧翻，結果又爆發戰爭。在這次（第二次）剛果戰爭中，總共八國、二十五個武裝團體參戰。卡比拉本人則在二〇〇一年遭到暗殺，其三十歲的養子約瑟夫（Joseph Kabila）繼任總統，才決定以談判的方式結束戰爭，不過這場戰爭已經造成五百四十萬人的死亡。

另一個有名的非洲獨裁者是泰勒（Charles Taylor），他在一九九七年到二〇〇三年擔任賴比瑞亞的總統期間，大肆支持鄰國獅子山的叛軍，提供對方武器來換取鑽石，軍閥出身的他還在國內招募兒童進入軍隊為他效忠。泰勒惡名昭彰到許多國家甚至拒絕他入境，美國國會還通過一法案，對能夠逮捕他的人或國家給予二百萬美元的賞金。二〇〇五年由尼可拉斯．凱吉（Nicholas Cage）主演的電影「軍火之王」（Lord of War），裡面所描寫的賴比瑞亞總統巴提斯（Andre Baptiste）就是影射泰勒。

阿敏在一九七九年遭政變推翻後，經由好友利比亞統治者格達費（Muammar Gadaffi）的安排，流亡至沙烏地阿拉伯定居。沙國王室給他相當優渥的待遇，甚至包下五星級飯店的兩層房間供他和家人居住使用，條件是不許他再返回烏干達。後來他曾經企圖組織一支軍隊再打回烏干達但沒有成功，最後於二〇〇三年病死在沙烏地阿拉伯，這種獨裁者最後竟然能「善終」簡直是極大的諷刺！而烏干達在阿敏離開後政權又落入前總統奧伯特的手中，他的獨裁作風和阿敏相比不遑多讓。非洲至今仍被許多人視為落後貧窮的「黑暗大陸」，其實國際社會在過去幾十年投入的援助不知有多少，但是很多國家就是發展不起來，許多非洲國家將自身處境歸咎於過去殖民主義的遺害，也有些人認為非洲一直沒有找到合適的發展路徑。看了這部電影，我們大概知道「人禍」恐怕才是非洲國家多災多難的真正原因吧。

15

面對索馬利亞海盜的真實記錄

——怒海劫（*Captain Phillips*）

菲利普船長：除了當漁夫打劫人之外，一定有其他什麼可以討生活的方式吧？

海盜慕斯：也許在美國才有……

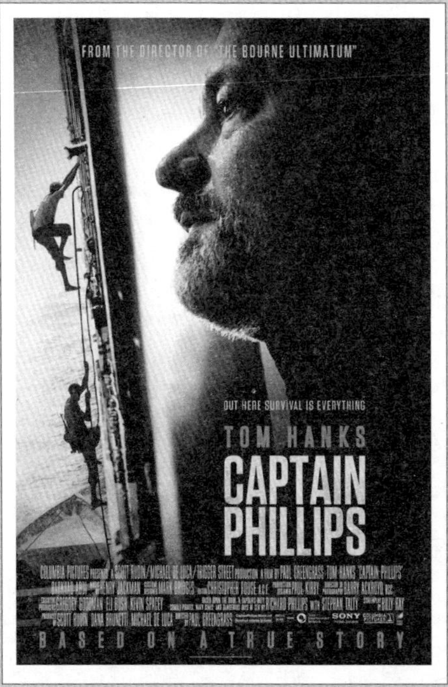

美國哥倫比亞影業
二〇一三年出品

來源：Impawards 電影海報網
http://www.impawards.com/2013/captain_phillips.html

怒海劫是真實事件改編，描述二〇〇九年美國快桅船運旗（Maersk）公司阿拉巴馬號（Alabama）商船被索馬利亞海盜挾持事件，英文片名Captain Phillips，就是以當時船長理察．菲利普（Richard Phillips）為名，想當然爾，故事是以菲利普船長為敘事中心，由著名好萊塢男星湯姆．漢克飾演。湯姆．漢克演技精湛，演什麼像什麼，就像是男版的梅莉．史翠普，筆者印象最深刻的是一九九三年他在「費城」中飾演罹患愛滋病律師，獲得奧斯卡男主角獎，隔年再度以「阿甘正傳」中弱智善良的阿甘拿到奧斯卡男主角獎，兩片風格與意識形態相左，但湯姆．漢克的詮釋都是不慍不火，恰如其份。「費城」是根據真實故事改編，在九十年代愛滋病橫行，全球恐懼高峰時拍攝，是好萊塢首次以正面的態度面對愛滋病議題，當時湯姆．漢克刻意減肥十多公斤飾演一個身罹愛滋病，但勇敢出櫃為自己權益奮戰到底的律師，在劇中他反抗保守價值、反歧視的正義形象，還被美國電影協會（AFI）選為百年百大電影英雄第四十九名；而「阿甘正傳」則是保守主義電影的代表作，湯姆．漢克飾演的阿甘是個腦筋簡單，有點弱智的人，他從不質疑政府或社會要他做任何事背後的意義，他代表著社會主流價值，但是很幸運的，只要他順應著這個價值他都會得到很好的回報。這兩部電影的角色如此不同，指涉的意義又如此相左，但湯姆．漢克卻能連續兩年得到奧斯卡最佳男主角，難怪有影評人說他是Mr. Everything（「什麼都能演」先生）。

索馬利亞海盜的起源

言歸正傳，回到主題索馬利亞海盜部分，索馬利亞因為長年內戰，政府制度崩潰，民不聊生，加上不諳捕撈生產技術，挾其鄰近亞丁灣優越的地理位置，是蘇伊士運河航線必經之地，人民因此鋌而走險，當起海盜，他們背後多有地方軍閥或叛軍撐腰，屬於有組織的犯罪。

當然索馬利亞海域並不是一直都有海盜橫行。根據加拿大記者傑伊．巴哈德（Jay Bahadur）所撰寫的《海盜村》一書（台北：推文社，二〇一二年出版），該地海盜問題還是源自於一九九一年。當年統治索馬利亞二十餘年的總統巴爾（Barre）將軍因無力處理內戰而逃離首都摩加迪休，整個國家頓時陷入無政府混亂狀態。以宗派勢力為主的各路軍閥彼此爭戰，讓國家分裂成幾個不同獨立卻又彼此敵對的政權。沿海地區漁民有許多原是以捕撈龍蝦為生，但是因為缺乏政府保護，許多外國大型漁船紛紛到索馬利亞海域作業，這些技術與設備都比較好的外國漁船讓索馬利亞漁民根本無法競爭。或許是出於報復心態、或是走投無路，有些漁民開始鋌而走險，以打劫外國漁船或商船為生，這也是著名的索馬利亞海盜由來。

根據目前能夠找到的紀錄，索馬利亞海盜首次出擊是一九九一年，一艘名為「幸運之洋」（Naviluck）的貨輪從肯亞航行到沙烏地阿拉伯途中，在索馬利亞海域遭到海盜襲擊，海盜將船隻打劫一番後，將船隻放火燒毀並命令船員跳海（這中間也處決了三名船員）。之後幾年，越來越多的索馬利亞漁民參與這種勾當。索馬利亞當地政府並不是不知道這種狀況，曾經嘗試將這些漁民改組成海岸巡防隊，來打擊越界捕撈的外國漁船。不過政府能夠付的薪水太少，遠遠不如當海盜的利潤，當海盜逐漸成為沿海地區年輕人所能夠找到的「唯一」工作。

二〇〇五年，一艘來自香港，名為費斯提天然氣號（MV Feisty Gas）的天然氣運輸船遭到劫持，業主為了贖回該船支付了三十一萬五千美元的贖金，這個金額幾乎是過去五年來所有海盜劫持所得的一成，此後贖金的價格開始往上飆升。截至目前為止，贖金的最高紀錄是二〇一〇年遭劫持的超級油輪「山姆荷之夢」號（MV Samho Dream）——高達九百五十萬美元。而讓索馬利亞海盜躍上世界新聞頭條的事件是二〇〇八年擄獲的烏克蘭貨輪「費納」號（MV Faina），當時這艘船上載滿各式要運往肯亞的軍火——其中包括三十三輛全新的俄羅斯製坦克車。

索馬利亞海盜以武器劫持各國商船漁船，勒索高額贖金，儼然成為國際公敵，但偏偏這片水域是全球航運的主要通道之一，特別是索馬利亞和葉門之間的亞丁灣（Gulf of Aden），全世界百分之十四的海運貿易和百分之三十的石油運輸都要經過此地。聯合國安理會在二〇〇八年六月及十月先後兩次通過決議案，授權外國軍隊經索馬利亞政府同意可進入該國領海打擊海盜及海上武裝搶劫行為，並呼籲關心海上活動安全的國家積極參與打擊海盜的行動。此後北約各國與其他國家甚至組成聯防艦隊共同防護。索馬利亞海盜行為達到最高峰的二〇一〇年，連國際海事組織（International Maritime Organization）也不得不宣布會員國的商船航行於危險海域時，可聘請私人武裝保全。我國立法院也在二〇一三年修訂航業法與漁業法，開放商、漁船在危險海域可聘請私人武裝保全擔任保鏢。

怒海劫故事背景與台灣有很大的關連，因為索馬利亞海盜用來攻擊美國貨輪阿拉巴馬號的海盜母船就是台灣被劫漁船「穩發一六一號」，在電影裡美軍在通訊時有提到此事。「穩發一六一」號漁船是台灣高雄穩發漁業公司所屬一艘鮪延繩釣漁船，在二〇〇九年四月六日凌晨，「穩發一六一」正在塞席爾海域捕魚當時，一艘索馬利亞快艇疾馳而來，漁船逃跑不及，很快地八名荷槍實彈的索馬利亞海盜就跳上船來，船上三十名船員，全被俘虜。被俘虜後的船員，只能留在船上，停靠在一個索馬利亞小漁村，船隻則被海盜當成攻擊行動的母船。由於生活環境惡劣，先後有一名大陸籍船員與一名印度尼西亞籍船員病逝，最後在船公司委託英國某公司與海盜經過漫長的談判，在空投贖金後，剩下二十八名船員終於在隔年二月獲得釋放。不過穩發一六一號並不是唯一遭劫的台灣漁船，事實上台灣漁船與索馬利亞海盜的搏鬥史可說是斑斑血淚，從二〇〇五年到二〇一一年間，共有十件被劫持事件（詳本文附表）。

亞丁灣——最危險的海域

電影以非常普通的敘述方式開始，鏡頭落在菲利普船長位在佛蒙特州的一個寧靜小鎮的房屋，筆者認為導演刻意以這樣的空景鏡頭做為故事的開頭，大概是想傳達菲利普一家就像你我一樣，都是再平凡不過的人家，但是因為全球化經濟網絡的建立，一個小鎮的平凡人，也都可能捲入國際事件。這天一大早，菲利普船長像往常一樣，整理好行李，準備到機場搭機到安曼履行任務，這次他被派任阿拉巴馬號船長，預計在二〇〇九年四月一日從安曼出發，到二〇〇九年四月十二日抵達肯亞。妻子陪著他到機場，一路上夫妻倆叨絮絮的談著家庭與小孩的瑣事，妻子重複著不放心他上船等等，但是菲利普也只能安慰她：「一切不會有事的。」

而地球的另一邊，在索馬利亞的埃爾，整個村落的男人百無聊賴，不過與一般人民不同的是，這些村民大多手持長槍，一群群男人或坐或蹲聚在一起聊天，這時遠方滾起一陣黃沙，幾輛吉普車急急駛進村裡，頓時引起騷動，車上一群看似保鑣的男人紛紛下車，然後才是一個戴著墨鏡，持著槍的男人俐落下車，一下車，馬上對著村人大聲斥喝：「你們在搞什麼？怎麼沒出海？……你們應該出去賺錢！」一個看似最年長的男子辯說：「我們上星期才搶一條船……」墨鏡男：「那是上星期！老闆今天就要錢，去幫老闆搶一條船！」墨鏡男對空鳴槍，恐嚇村人。

被恐嚇的村人無奈地朝海邊集結，海岸邊正停靠著幾艘裝著簡易馬達的小船，正在招募海盜成員，被選中的村民，紛紛坐上小船，在其他人的協助下，小船一艘艘被推入洶湧的大海中，最後都登上駐紮在外海的母船，也就是他們才剛劫持的台灣籍漁船穩發一六一號。

觀眾會發現這些索馬利亞海盜跟我們印象中的「海盜」有很大的落差。他們其實過得非常貧窮，甚至沒有鞋子穿。一艘商船的贖金動輒百萬美元，如果真能靠打劫致富，為什麼還要一直過著這樣的生活？主要的原因是這些海盜並不是「個體戶」，而是一整個組織集團的成員，背後出資購買船隻、車輛、武器的老闆才是打劫行動最高的獲利者，而這些打手能夠分到錢的其實極為有限。在索馬利亞，投資海盜行為的利潤極高，但過程中的花費也十分可觀，因為在協商贖金的過程中海盜並不能確定最後能從船東或保險公司那裡拿到多少錢，但必要的開支——包括補給船隻的燃料、飲食及水、武器等——都是不能少的，因此只有極為富裕的海盜頭子才有能力做這種投資。據寫《海盜村》一書作者巴哈德的估計，海盜在一場行動中的開銷介於二十三萬到五十萬美元之間。據信劫持阿拉巴馬號行動的背後主謀是索馬利亞鼎鼎大名的海盜加拉德（Garaad），他在十來年前還只是一個普通漁夫，後來因為生計問題加入政府的海岸巡防隊計畫，之後由官變匪，幾年之內躍升成為整個索馬利亞東部龐德蘭（Puntland）地區最有名的海盜兼財團領袖，手下擁有八百名海盜。

此外，眼尖的觀眾會發現這些海盜口中不斷在嚼食一種樹葉，這是卡塔葉（Khat），一種具有提神興奮效果的樹葉，作用就像檳榔一樣，而且會讓人上癮。因為這種樹葉只種植在伊索比亞及肯亞的山區，而且採收後很快就會失去風味，因此都是用空運來送貨。許多海盜打劫得到的贖金有的是花在這種每公斤價格高達二十美元的「樹葉」上，難怪會一直貧窮下去。

阿拉巴馬號被盯上，不幸讓海盜攻堅成功

菲利普在安曼登上阿拉巴馬號，嚴謹的檢查完貨船設備後，依照航程啟航。同一時間，以穩發一六一號做為母船的索馬利亞海盜也正虎視眈眈巡視海面，看有沒有落單的輪船經過，準備伺機而動。菲利普晚上執勤完畢，在房間查看英國海上貿易勤務處發出的警告信函，信中描述索馬利亞海盜配備有重型武器，會使用暴力達到目的。由於此次航程將經過索馬利亞海域，隔天一早，菲利普下令輪船做非預先通知演習，他要大家演習海盜襲擊時的標準作業程序。渠料海盜警報弄假成真，阿拉巴馬號的雷達上出現兩艘不斷逼近的小船，菲利普懷疑是索馬利亞海盜，他馬上向美國海事緊急專線通報，但竟然沒有人接；他轉向英國海上貿易勤務處，雖然接通了，但設在杜拜的勤務處僅指示輪船準備噴水柱，進行封船程序，菲利普很訝異勤務處的毫無作為，但勤務處僅淡淡的回應說這可能只是附近的漁船而已。

索馬利亞海盜看到阿拉巴馬號這艘大肥羊，興奮地叫囂，認為這次發大財了。眼看兩艘小船越來越逼近，求助無門的菲利普這時只能自立自強，他急中生智，透過無線電，假裝向聯防軍艦二三七尋求空中支援，其實根本沒有這艘軍艦，菲利普只是要監聽的索馬利亞海盜以為真的會有軍隊來救援。菲利普這招生效一半，一艘海盜船聽到軍隊要來，果然

掉頭就走，但另一艘不信邪，持續尾隨。菲利普眼見擺脫不掉，決定增速製造大浪喝阻，這招似乎奏效，阿拉巴馬號暫時地擺脫海盜們。但這時船員們卻對應付海盜策略開始意見分歧，有的船員認為他們不需為船公司賣命，要求馬上離開這片危險海域，但菲利普認為這片海域有五個海盜集團，無論跑到哪裡都可能會遇到海盜，他堅持繼續既定航程，儘速將貨物送達。

果不其然，隔天早上，這些海盜仍陰魂不散地追趕了上來，這次海盜有備而來，以極快的速度追趕著阿拉巴馬號，在靠近時，猛烈地對著阿拉巴馬號開槍射擊；而毫無任何武裝的阿拉巴馬號，最大的攻擊力道，也僅能從船身四周噴射強力水柱，防止海盜靠近。但很不幸的，當中有一條水柱失靈，這些海盜們趁著這個破口，架起扶梯，成功登上阿拉巴馬號。雖然阿拉巴馬號船員有二十名，上船的海盜只有四人，但在對方持有槍械，加上沒有一個船員願意冒生命危險與海盜搏鬥的情況下，整艘船輕易地被海盜控制。最後在菲利普騙說阿拉巴馬號已經失去動力，經過談判，在菲律普的自願下，海盜放過阿拉巴馬號，但擄走菲利普船長做為人質，並帶著三萬美元現金乘著輪船備用的救生艇揚長而去。

獲釋後的阿拉巴馬號船員一方面緊跟著救生艇往索馬利亞海岸前進，另一方面開始向美國海軍求救。正在附近海域執行反海盜任務的班布里奇號驅逐艦（USS Bainbridge）立刻快速馳援，同時白宮也下令最後的底線是不能讓綁匪把人抓回去，也就是寧願玉石俱焚，也不願讓海盜得逞的革殺令。

美軍精銳盡出，誘殺索國海盜

班布里奇號艦長一開始是想透過談判方式救回菲利普，與此同時，美國本土出發的特種部隊也前來參與拯救行動。影片接下來可以看到，這群不知天高地厚的索馬利亞海盜，竟然還妄想可以順利挾持菲利普，然後全身而退。在他們談著過兩天後就可以回家吃米飯、山羊肉，等著船公司帶著大把鈔票來贖人的同時，美國軍方已在海空布下天羅地網，美國有的是先進精良的武器裝備，甚至在短短的時間中，將領頭的海盜穆斯底細摸的一清二楚，實在令人不得不讚嘆美國國防部在資訊戰的強大實力。而這幾個瘦小的索馬利亞海盜守在一艘小小的救生艇中，痴痴等待背後組織的奧援，但是他們不知組織也知道根本惹不起美國軍方，早就背棄了他們。雖然海盜的行為不可取，但是在菲利普被綁架的過程中有幾段他與穆斯的對話，也反映出索馬利亞人淪為海盜的無奈：

穆斯：你們來我們的海就要付錢。

菲利普：我們在國際海域，不是你們的海。

穆斯：大船來我們的海，把所有的魚都抓光，我們要抓什麼？

……

菲利普：所以你是漁民？

穆斯：對，我們都是漁民。

……

菲利普：除了當漁夫打劫人之外，一定有其他什麼可以討生活的方式吧？

穆斯：也許在美國才有………也許在美國才有………

美國自南北戰爭後，世界上的主要戰役從沒發生在美國國土內，靠其得天獨厚的物產豐饒條件，富裕了幾百年，美國人縱然沒有工作，也可以靠著社會福利溫飽；他們大概很難想像得到什麼是窮到沒有立錐之地。依照菲利普的邏輯，人只要努力，一定會有工作，一定可以好好過日子，他大概沒有想到這世界會有想要求得一頓溫飽而不可得的情形。

二〇〇九年四月八日阿拉巴馬號被劫持事件發生時，立刻成為美國各媒體報導的焦點。不僅是因為這是美國船隻在過去兩世紀以來第一次在這個海域遭到挾持，且透過電視媒體的連線報導，美國民眾幾乎是同步地在「觀看」整個事件的發展。當然這類危機的發生對於政府形成很大的壓力。為了解救菲利普船長，美國海軍精銳盡出，共出動班布里奇號驅逐艦、哈里伯頓號（USS Halyburton）、拳師號（USS Boxer）兩棲突擊艦三艘軍艦前往現場，並派出最強的海豹特種部隊（SEAL）。小蝦米不敵大鯨魚，這四個索馬利亞海盜有三個被海豹部隊擊斃，穆斯被騙上班布里奇號談判就逮，美國成功營救菲利普船長。被誘騙上了班布里奇號的海盜穆斯，頓時發現他失去所有談判的籌碼，只能束手就擒。最後他被送回美國本土受審，在二〇一一年被判三十三年徒刑。

穆斯的際遇還不是最糟糕的，

海盜領袖穆斯（左）在同夥都遭擊斃後被美軍逮捕，最後被送回美國本土受審
來源：怒海劫官方網站
http://www.captainphillipsmovie.com/site/#photos

當然也不是最好的。因為海盜是萬國公罪，且犯罪行為在其他國家的船隻上，因此船籍所屬國有權對海盜進行逮捕與審判。二〇一〇年葉門的法院將六名逮捕到的海盜處以死刑；同年美國的一處法院將五名海盜判處終身監禁。但是被送上歐洲國家法庭的海盜通常獲得輕判——二〇一〇年荷蘭的法院將五名海盜判處五年徒刑，而且刑滿後這些人還能在荷蘭居住，理由是「索馬利亞生活環境惡劣，不適合做為刑滿後遣返的目的地」。有些人認為歐洲法院過於人道的考量反而可能助長海盜行為。

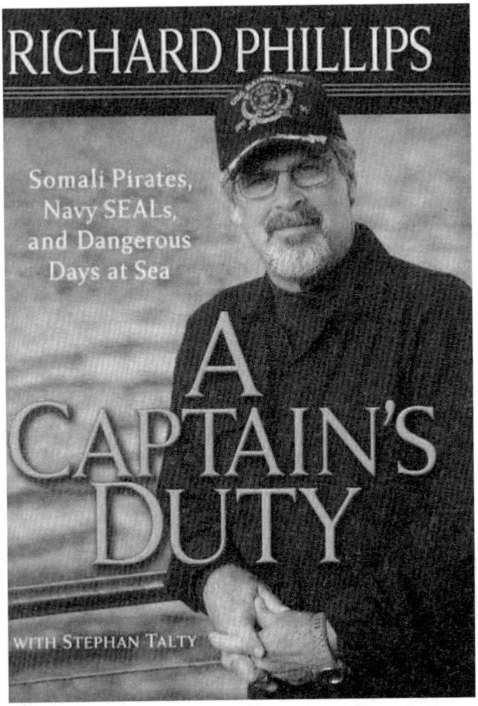

歷劫歸來的菲利普船長出版了《船長的責任》一書，本電影乃根據該書內容拍攝而成
來源：美國 Hyperion 出版公司網站

歷劫歸來的菲利普船長回到美國後成為英雄人物，他後來出版了《船長的責任》（A Captain's Duty）一書，詳細敘述整個事件的經過，這本書構成本電影劇本的來源。不過他在整個事件中的角色其實有些爭議：據部分阿拉巴馬號船員指出，根據規定，船隻航行時必須與索馬利亞海岸保持九百五十公里以上的距離，但是該船被劫持時與海岸僅有五百五十公里，也就是菲利普船長為了貪圖早點到達目的地，選擇了一條比較短的捷徑，但這也等於把阿拉巴馬號直接送到索馬利亞海盜的面前。

海盜讓印度洋成為各國競爭海上霸權競技場

怒海劫的故事結構簡單，結局也是大家都已經知道的，但是導演保羅・葛林葛瑞斯擅長營造寫實緊湊的氣氛，整部電影流暢毫無冷場。加上湯姆・漢克精湛的演出，尤其在菲利普與海盜困在小小救生艇裡時，真是湯姆・漢克演技的大爆發，菲利普船長面對自己生命操在海盜手裡，一方面必須壓制住自己的恐懼，一方面還要與這些劫匪周旋，湯姆・漢克內斂地透過他的眼神與表情將那種極度緊繃，又不使自己崩潰的情緒層次地演繹出來，小小空間裡充滿戲劇張力，彷彿他就是菲利普本人，真的不負 Mr. Everything 這個封號。而這部電影在拍攝的過程中，導演保羅・葛林葛瑞斯捨棄了過去在片廠中搭設場景拍攝的傳統，選擇真的到商船上拍攝，並且還真的向快桅船運旗公司租借到一艘和阿拉巴馬號一模一樣的現役商船，航行到地中海上的小島馬爾他進行拍攝，十分用心，也讓這部電影的許多場景看起來格外逼真。

過去一兩年來，在各國派出軍艦巡航與船舶可自身擁有武裝火力的情況下，確實達到有效嚇阻海盜的目的，現在已經比較少聽到海盜劫持商船的新聞。海盜劫持或攻擊的事件也從二〇一〇年的二十四起逐漸降低到二〇一三年的兩起，也首次創下沒有任何船隻遭到挾持成功的紀錄。不過索馬利亞海盜的出現卻也不知不覺地改變了一些國際政治的生態。例如聯合國安理會二〇〇八年透過授權各國前往索馬利亞海域打擊海盜的決議案後，許多國家開始將軍艦派往此地定期巡弋，間接助長了各國軍事力量在印度洋海域較勁的情勢。過去只將海軍建設主力放在太平洋的中國於二〇〇八年十二月向索馬利亞海域派出首批護航艦隊。截至二〇一三年八月底為止，中國解放軍海軍共派出十五梯次的護航艦隊前往亞丁灣，其護航行動已進入有序接替、常態化運行階段。這對其他原本活躍於印度洋的海軍——特別是印度——已經構成挑戰。許多印度軍事專家認為中國根本就是藉著掃蕩海盜之名，行軍事擴張之實。看來索馬利亞海盜所引起的，不僅僅是各國對於海上航行安全的重視，還有可能因此助長各國在印度洋上的爭霸。

附表：歷年台灣漁船遭索馬利亞海盜劫持情形

船名	被劫地點	被劫時間	獲釋時間	處理結果
金億穩號	南緯6度10分，東經51度10分（席爾經濟海域）	100.11.4	100.11.5	船員成功反制將海盜趕下船
旭富1號	南緯13度，東經51度55分（距索馬利亞約1,000海浬附近水域）	99.12.25	101.7.17	船擱淺，繳贖款後，人員獲釋
泰源227號	北緯1度50分，東經67度50分（距索馬利亞東南方約1,200海浬附近水域）	99.5.6	100.1.24	人船獲釋
日春財68號	北緯10度34分，東經57度33分（距索馬利亞東南方約395海浬附近水域）	99.3.31	100.5.10	於美軍艦隊與索馬利亞海盜駁火時擊沉，船長亡
穩發161號	南緯1度51分，東經55度25分（席爾經濟海域）	98.4.6	99.2.11	繳付贖款後，人船釋放
慶豐華168號	北緯4度49分，東經48度11分（索國首都摩加迪休外海220海浬處）	96.4.20	96.11.5	繳付贖款後，人船釋放
豐榮16號	索國中部海域	94.11.30	95.1.29	繳付贖款後，人船釋放
新連發36號	南緯0度39分，東經42度18分（索馬利亞港口）	94.8.15	95.1.29	繳付贖款後，人船釋放
承慶豐號	南緯0度39分，東經42度18分（索馬利亞港口）	94.8.15	95.1.29	繳付贖款後，人船釋放
中義218號	南緯0度39分，東經42度18分（索馬利亞港口）	94.8.15	95.1.29	繳付贖款後，人船釋放

資料來源：農委會

16

外勞政策與移民問題——歡迎來到德國（Almanya - Willkommen in Deutschland）

我們募工，人就來了！

二〇一一年德國出品

來源：歡迎來到德國電影官網 http://www.almanya-film.de/

多數的移民電影，因為涉及到遠離母國，投入異鄉，劇情的張力多著重在文化衝擊、種族歧視與經濟生活的落差，因此故事的走向較為沈重與較具批判性。而「歡迎來到德國」（Welcome to Germany）則是這類移民電影中較為少見的，片如其名，是部輕鬆喜劇，充滿歡樂氣氛。有點遺憾的是，雖然是部講述土耳其勞工移民德國的故事，但是片中對移工在社會融入或種族問題議題上甚少著墨，倒是對主人翁一家人在移入德國後面對土耳其／德國、回教／基督教等等在文化與宗教衝突鬧出的笑話多所嘲弄，令人莞爾，會讓人有移民生活似乎不是那麼困難的錯覺。但因為這是發生在德國，相較於其他各國，德國過去有段時間外勞政策確實比較寬鬆，對移民也較寬容，筆者認為這也是土耳其裔德國導演雅瑟敏．薩姆德雷利（Yasemin Samdereli）在片中並未批判德國移民政策，故事走向採較溫和的路線之因。

移民與外籍勞工，似乎是一體兩面，往往是人民在母國無法生存了，才會往外尋求生存。不過這兩個議題，還是有層次的不同，有的移民是因為逃避國家戰亂，人民變難民，迫使其他國家被動接受，而這些人來自母國的各個階層，知識程度不一，因此逃到他國後，依其原本的經濟能力或知識能力各食其力、各自發展；例如一九九三年華裔美籍導演王穎的「喜福會」（Joy Luck Club），描述因戰亂移民到美國四對母女間剪不亂、理還亂的情感糾結，從電影中，可以看出這些家庭在美國尚可過著優遊充裕的生活。

但是上述的移民問題，對國家的衝擊較小；現今國際社會遇到的移民問題多是因為國家經濟發展程度不同，必須引進外籍勞工或是面對非法居留打工的處置問題，這類問題因為各國政策不同，也產生許多不同的問題。例如日本，其接受外來移民的政策一直以來是既嚴格又保守，但是在二十世紀初，卻有一段時間組織性的往南美洲國家，特別是巴西、秘魯等國進行移民，秘魯還曾經選出日本籍的藤森謙也擔任總統。幾年前日本NHK曾製播一部連續劇「春與夏——遲遲未到的信」，就是講述一個日本家庭移民巴西的故事。家庭裡有一對姐妹花，感情很好，但出發前妹妹被發現患有砂眼，只能留在日本，姐姐則和家人遠赴巴西奮鬥，過了幾十年姐姐才又回到日本，希望找到妹妹的下落。當初日本會對外移民至巴西，是為了疏緩國內人口過多，糧食短缺的壓力，當時的日本人移往巴西則多是從事農業墾植，這些日本人在巴西經過數十年的奮鬥才融入當地社會，但在一九八〇年代，因日本經濟大好，巴西較為蕭條，有不少日裔巴西人回祖國發展，卻發覺更融不進日本社會，反倒衍生出另一種文化衝擊的震撼。

乍看下，移民問題比較不像國際關係的主題，反而像是社會學或經濟學所討論的內容。的確，傳統國際關係學者並不會直接研究移民問題，但是移民一直是數千年來人類社會都存在的現象，從兩千年前猶太人被迫離開祖居地流亡各地，到十六世紀後新航路與新大陸發現後歐洲人向外殖民，再到今天因經濟因素而偷渡到美國工作的墨西哥勞工，這些現象都直接衝擊到當時的國際關係。近年來在歐洲一些國家陸續發生穆斯林移民與當地居民之間的摩擦，讓許多政治領袖傷透腦筋。二〇〇一年發生震撼全球的九一一恐怖攻擊事件後，許多居住在美國的南亞及中東裔移民遭到騷擾，甚至被誣指為恐怖份子，可見移民在新居住地的地位有多脆弱。關於穆斯林在九一一事件後在美國的處境，想到的是印度寶萊塢天王巨星沙魯汗（Shah Rukh Khan）所主演的「我的名字叫可汗」（My Name is Khan）。沙魯汗本人也是穆斯林（他的姓氏 Khan 是南亞常見的穆斯林姓氏），讓此片頗有為穆斯林平反的意味。在這裡我們稍微縮小一下範圍，把討論的主題集中在現代的勞工移民，也就是平常所說的外籍勞工。

移民德國四十五年，仍然無法適應宗教文化上的衝擊

「歡迎來到德國」的故事開始於一九六〇年代的德國，當時德國工業起飛，大規模向南歐招募技術性勞工，但在義大利與西班牙勞工不敷使用後，德國轉而向土耳其招募勞工。而故事是以這個土耳其移民家庭第三代的小孫子錢克（Cenk）眼光來看這個家庭的移民史，阿公胡辛（Hüseyin）是在一九六四年九月十日來到德國，他到達當天正是外籍勞工來到德國的最高峰，那天正好突破了一百萬人，因為胡辛的禮讓，讓他自己痛失了第

一百萬名移民的身分，當然也得不到一輛摩托車的贈獎。這是從孫女嘉娜（Canan）口中所講述的阿公胡辛移民的故事，不知真實性如何，有可能是爺爺逗孫女所講的誇口故事，不過這又如何呢？又不可考！只是讓這個故事有一個戲謔性的開始罷了。

身為德國第一百萬零一號移民的胡辛，在四十五年後卻被老婆逼著去辦理德國護照，入籍當德國人。這時的胡辛坐在移民辦公室內，滿臉不自在地看著官員機械式地在一堆文件蓋上各式印章，繁複的公文程序像是一場儀式般，好不容易完成這場儀式，移民官還特別鄭重的向胡辛夫妻宣告他們成為公民的義務……「必須接受德國的文化凌駕在祖國之上」、「必須要吃豬肉」、「看德國的本土劇」……等等，胡辛還一臉訝異，妻子法瑪（Fatma）卻滿臉興奮，不假思索一口答應，移民官笑嘻嘻地向胡辛夫妻宣告他們正式成為德國公民，隨即從抽屜中端出兩大盤豬腳，要求他們馬上吃下。胡辛的妻子接過豬腳，毫不猶豫地吃了起來！這時胡辛瞧見書櫃玻璃中的自己倒影，不知何時長出有希特勒般的小鬍子，他嚇了一大跳，驚恐地奪門而出，遠方隱隱傳來妻子法瑪不斷呼叫他「胡辛！胡辛！」胡辛驚醒，原來是個夢。醒來後的胡辛似乎並未從惡夢中脫離，因為妻子正催著他換衣服，這時才真的要趕著去做移民面試。

德國在二次世界大戰結束時失去一千萬男性生命，戰後西德（當時因冷戰而分為東西德）為了重建，需要大量的勞工，聯邦政府想出從其他國家招募勞工的策略。一九五五年西德與義大利政府簽約，正式引進義大利勞工，之後與西班牙和希臘（一九六〇年）、土耳其（一九六一年）、摩洛哥（一九六三年）、葡萄牙（一九六四年）、突尼西亞（一九六五年）、南斯拉夫（一九六八年）都簽訂類似的協定。當時德國的高工資與完善的工作環境對這些國家的勞工有很大的吸引力，就像片尾字幕所說的：「我們募工，人就來了！」德國人很客氣的稱這些外籍勞工是**Gastarbeiter**，這個字是把客人（**Gast**）與工人（**Arbeiter**）結合成的字，中文也可以翻譯成「客工」。其實德國一開始只希望將募工對象集中在南歐國家，但是因為美國與土耳其政府的壓力而決定與土耳其談判簽約。土耳其是北大西洋公約組織的成員之一，美國當時希望西德政府能夠「照顧」同樣是反共陣營成員的土耳其，而土耳其也希望能夠為東部窮困地區的工人找出路（不然很可能會加入共產黨成為政府的敵人），這些因素促使西德政府改變主意，同意引進土耳其勞工。

在所有德國的外籍勞工中，土耳其人的人數是最多的，這些土耳其工人多數來自比較貧窮的東部安納托利亞高原，就像電影裡的阿公胡辛一樣，該地區許多土耳其成年男性為了養家，紛紛離開家鄉，加入「客工」的行列前往德國賺錢。根據原西德與土耳其的協議，這些勞工到德國工作一兩年就必須回國，然後讓其他的人申請到德國工作。這些土耳其勞工的確也在期滿後返回家鄉，但是因為在德國的工資高得非常誘人，這些人又想辦法回到德國工作，甚至把家人也帶過來，最後乾脆在德國定居下來。西德政府後來意識到這件事的嚴重性，因此在一九七三年就停止了從土耳其輸入勞工的計畫，不過原來在德國的土耳其裔已經習慣在德國的生活，再也趕不走了。

歷史上德國一直不是一個移民國家，其境內的外籍人口並不多，這點和法國、英國很不一樣，很可能是德國並不是一個殖民帝國，其殖民地在一次世界大戰後就已經放棄。一九三〇年代納粹上台，迫害猶太人等少數民族，到戰爭結束時境內已經沒有多少猶太人，加上因為戰敗，領土遭到重新劃分，因此在招募外籍勞工之前，德國可以說是族群結構比較單純的國家。當土耳其人來到西德工作後，很快就變成境內人口最多的少數族群，這個趨勢並沒有因為德國土耳其勞工協議停止而改變。到今天德國境內的土耳其裔人數是二五〇萬到二七〇萬之間，如果以比較寬鬆的標準來認定，也就是祖先有一部分土耳其血統的德國公民，人數約在四百萬左右，占德國總人口的百分之

西德從 1961 年開始引進土耳其勞工，此政策到 1974 年停止，今日土耳其裔為德國境內最大的少數族群。圖為當年土耳其勞工在德國工作的歷史照片，原藏於德國聯邦檔案館，拍攝時間為 1974 年 8 月
來源：維基百科共享資源
http://commons.wikimedia.org/wiki/File:Bundesarchiv_Bild_183-N0806-0009,_Deuna,_ungarische_Gastarbeiter.jpg?uselang=zh-tw

五，是德國境內最大的少數族群。

土裔德國人不同世代間的文化困擾

第一代移民的阿公胡辛一直為是否要歸化成德國人感到困擾，但是一對在德國出生的孫女與孫子也有自己的煩惱。唸大學的孫女嘉娜與英國籍的男友不小心懷了孕，懊惱著不知該如何向媽媽說這件事；唸小學的孫子錢克在學校玩足球賽，土耳其裔的同學因為錢克是德土混血兒，說他長得不像土耳其人，拒絕跟他同一組，錢克憤而跟同學打起架來。祖孫們這三個段落雖短，但卻也清楚交待了雖然這一家已移民到德國有四十五年了，但不同世代間還是面臨不同文化適應上的困擾。第一代的爺爺只怕歸化後，被迫要接受德國的文化與飲食；孫女嘉娜舉止行為就像一般德國女孩一樣，一方面接受婚前性行為，另一方面也知道這在穆斯林文化是不被允許的；而混血的錢克則是因為外型的關係，不知道自己是土耳其人還是德國人，認同上有深深的挫折。

不過電影裡另一個主人翁阿嬷法瑪則是這個家族最快適應德國生活的人，雖然她一開始也對德國生活也有抱怨，但當她發現就算是有語言障礙，她也可輕易地買到生活所需的食物，德國生活似乎也沒什麼好抱怨的啦，因為做為一個母親，沒有一件事比餵飽一家人更重要！其實這也象徵多數人，只要能填飽肚子，就沒有任何好煩惱的。

一天，胡辛家族大團聚，一家人圍著餐桌吃著土耳其美食，阿公胡辛興奮地對大家說他要給大家一個驚喜，那就是他在土耳其的家鄉買了一棟房子，但家人卻沒有跟他有同樣的感覺，大兒子的第一個反應是：「何苦？你要搬回去？」胡辛不管家人的反應，同時公布了他的計畫，他要求家人在下一次放連假時跟他回去土耳其一趟，去粉刷整理那間房子。德國過去在國籍政策上是採取血統主義（拉丁文 Jus sanguinis），也就是根據血緣來決定人的原始國籍（台灣也是採取這個政策），因此阿公胡辛一家人都算是土耳其人，但他的小兒子阿力（Ali）是在德國出生的，他從小到大的生活經驗都在德國，對土耳其一點感覺都沒有，因此對回鄉這件事他一點都提不起興致，甚至還有點排斥。但對胡辛這種第一代移民來說，歸化成為德國公民有點像是背叛自己的信仰。

就在胡辛的堅持下，一家人還是浩浩蕩蕩地踏上土耳其家鄉之旅。在旅途中，幼小的錢克開始對阿公故鄉大大小小事問東問西，而這時胡辛一家人的移民史，就在大孫女嘉娜回應小孫子錢克的問題時展開了。

第一次回鄉尋根之旅，發覺已回不去了

阿公胡辛是來自土耳其東部一個名叫安那托利亞的地方，在努力追求到阿嬤後，生了大兒子、二兒子與小女兒，但是他發覺無論再如何努力工作，一家五口仍難以糊口，一次聽到朋友提及德國缺勞工，而在德國工作一年攢下的錢就可買一輛計程車了，這讓胡辛下定決心，離開家人，遠赴德國打工。

在德國工作的胡辛，克服了語言的困難，日復一日，年復一年的努力工作著，日子雖然辛苦，但是每月寄回的大把鈔票，確實改善了家庭環境。對家人的思念日益增長，胡辛終於下定決心回家一趟看看家人，當他歡天喜地回到家鄉，卻發覺除了大兒子維力（Veli）還認得他，二兒子穆汗（Muhamed）與小女兒蕾拉（Leyla）都已經認不得他這個老爸了；但這還不是讓胡辛最難過的事，他發現大兒子維力根本不受媽媽的管教，一天到晚曠課，到處遊蕩，為了讓孩子們受到嚴格的管教，他下定決心——全家移民德國。西德政府剛開始其實主要只招募男性勞工，但是這些人在德國工作之後非常思念家鄉，西德政府基於人道理由，准許他們的家人也到德國來團聚，這或許是過去德國在戰爭期間犯下許多殘忍的作為，因此戰後德國在國際社會上非常謹慎處理有關人權或人道議題，深怕再被指責為具有種族歧視，對於外籍勞工的親屬依親定居表現得很寬容。

在經濟學中，對移民現象的解釋最早有所謂的「推拉效應」（push-pull effect），也就是移民輸出國的「推力」與輸入國的「拉力」共同作用促成人口的流動；當然這都似乎把勞工放在全球經濟體系下觀察的結果：勞工一定是往有需求、工資高的地方移動。後來學者又在這個基礎上發展出更完整的理論，例如「新移民經濟學」，講的是以家庭或家族為單元的移民所進行之經濟行為；「勞動市場分隔理論」，這是指工業發達國家的閒置資金產生對季節性、臨時性勞工的需求（例如到美國農場打工的墨西哥人）；還有「連鎖移民現象」的研究，指的是老移民往往會吸引其他同鄉過來，在接收國形成新的聚落和文化（如唐人街、義大利區）。當然這些研究跟國際關係的距離就更遠了，在此就不多贅述。

因為先進國家的勞動需求，使得世界上有一些國家發展出以輸出勞工來賺取外匯的發展方式，例如菲律賓，這個國家有將近一千萬公民在世界各國打工，約占總人口的百分之十，這些勞工每年匯回國的金錢高達兩百億美元，占其全國GDP的百分之十三點五，數字非常驚人。另外，像沙烏地阿拉伯這樣的國家，也大量進口外籍勞工來填補本國的勞動力空缺，據估計在該國工作的外籍勞工有五百五十萬人，占該國原本人口的五分之一，也是非常驚人。

初來乍到德國的胡辛一家人，當然開始了文化與宗教的衝突之旅。他們訝異德國男人的下巴光溜溜，不留大鬍子；誤將臘腸狗當成大老鼠，也訝異德國人在路上蹓狗；還有驚訝要坐著上廁所。德國的種種，都讓這家人感到新奇。

而讓二兒子穆汗大驚失色的是，他在德國新家竟然看到十字架上的耶穌，因為他家鄉的好朋友警告他：德國人吃豬肉也吃人，他們的標記是掛在十字架上的屍體，他們也吃那個屍體，德國人每週日都到教堂吃他的肉、喝他的血。因為這個警告，讓穆汗晚上做著惡夢，當他在新家看到釘在十字架上的耶穌基督，嚇得他從椅子上跌了下來。不過隨著他們開始在德國上學，適應了德國生活，連在聖誕節時，他們也開始要求家裡要布置聖誕樹，跟父母親要聖誕禮物。穆汗早就忘了過去是如何害怕十字架上的耶穌。

眼看家人因為安逸的德國生活，漸漸將土耳其的傳統拋諸腦後，胡辛又開始擔心了，他怕家人受德國的影響越來越大，尤其小女兒竟然還要求他刮掉鬍子，只因為不好看！為對抗德國文化惡勢力，他開始規劃一趟回鄉之旅。為了省錢，一家人不搭飛機，胡辛自己開車開始了三天三夜兩千五百二十一公里的長征，一趟舟車勞頓，簡直讓這家人搖散了骨頭。不過，當他們回到家鄉，他們發覺，有些事是再也回不去了——小孩再也不願蹲在骯髒狹小的廁所裡，三番兩次的停電令胡辛大罵政府的沒效率。這次的回鄉之旅，讓阿公胡辛終於痛下決心，放棄土耳其，在德國置產定居。

第二次回鄉，與祖國的聯繫有如斷垣殘壁

距離上次回土耳其的數十年後，這次胡辛一家人又再度踏上故里，不過這次不用為了省錢開車，在德國辛苦工作了數十年後，他們的經濟能力已經大幅改善，可以舒服地搭飛機回土耳其。一家人在抵達土耳其後，在機場租一台小巴士，胡辛這次不再是一家五口，還增加了在德國出生的最小的兒子阿力，與他的德國妻子、混血孫子錢克；還有蕾拉的女兒嘉娜，他們都是第一次踏上土耳其土地。

影片這時做了一些微妙的比較，對於原本在土耳其生活過的胡辛一家人，他們本來就是從土耳其出來的，這次回來，對於土耳其的種種，都是抱持著體諒與理解的眼光，例如蕾拉在街頭看到有女性的垃圾車工作人員，很高興地說這是土耳其女性工作權的進步，阿公胡辛看到叫賣鹹圈餅的兒童小販時，則是大方的買下一堆餅，但是家人的這些行徑，卻讓在德國出生的小兒子阿力不悅，他說胡辛是在鼓勵童工；而當一家人高興地在街頭享受土耳其傳統美食時，阿力也因為衛生問題，抱怨不應吃路邊攤！

這家人一路上說說笑笑，阿嬷法瑪此時很得意地拿出德國移民勞工局寫給胡辛的信，原來德國政府要舉辦「德國謝謝你」典禮，胡辛受邀代表土耳其百萬技術勞工，要去總理

官邸發表演說，胡辛雖然一臉不在乎，直說才不會去參加，卻在私底下跟小孫子練習演講的發音。

原以為故事會在胡辛完成返鄉心願，回到德國做一場完美的演講做結束，但劇情卻在此處做了一個大轉折，一向硬朗的胡辛，卻在車上無聲無息闔然長逝。突如其來的大變化，讓家人悲痛不已，他們要求土耳其政府能將胡辛安葬在土耳其的回教墓園，但諷刺的是土耳其官方卻說胡辛是德國人，只能葬在外國人墓區，並暗示如果願意花錢打點，就可以安排讓胡辛葬在回教墓園。一家人抗議未果，阿嬤法瑪決定帶胡辛回故鄉安葬。

當他們回到故鄉時，才發覺阿公胡辛買的房子，根本只剩一片牆，他們以傳統的儀式將胡辛安葬在家鄉。也許這是在冥冥之中，胡辛為自己的死亡預作的回歸之旅，而那僅剩一片牆的房子也象徵胡辛的家族在土耳其的依附就像那片牆一樣的單薄而不成家。這也暗示著這些數以百萬的土耳其人在移工德國後，最終與祖國的聯繫，而這一點點依附最後也會走進歷史的灰燼裡。

胡辛最終不能回到德國參加那場「德國謝謝你」典禮，但他最鍾愛的小孫子錢克卻代表他致詞，他以流利的德文說：「……我在這過了四十五年，日子有好有壞，但我現在很幸福……」

移民問題衝擊當地國文化，助其融入／提高門檻成為各國政府新議題

這部電影最後以溫馨的方式結束，讓人有移民故事總是美好的錯覺，其實悲慘的故事更多。一九九〇年曾經有一部叫「希望之旅」（Journey of Hope）的電影，講土耳其勞工父母小孩一家三口設法偷渡去瑞士打工的故事，結果人蛇集團把他們載到義大利與瑞士的邊境，竟要他們自己爬過白雪皚皚的阿爾卑斯山到瑞士去，最後小孩凍死，父母遭到逮捕起訴。這部片當年獲得奧斯卡最佳外語片，也曾引進台灣放映，不過目前在市面上已經看不到了。台灣開放外勞二十多年來，也面臨了不少因外勞所帶來種種的社會與文化上的衝擊，不過台灣不像德國有開放外勞移民的政策，因此在處理外勞問題上還是在於改善工作環境與待遇，以及台灣生活的適應。目前台灣總共有四十五萬外籍勞工，主要來自印尼、越南、菲律賓、泰國，這群外勞大軍撐起台灣的製造業與家庭看護幫傭，對台灣的經濟發展與社會穩定功不可沒。這幾年台灣開始有一些以外籍勞工或外籍配偶為主題的電影或紀錄片，例如公視的電視劇「娘惹滋味」，越南籍阮金紅導演的紀錄片「失婚記」，李靖惠導演的紀錄片「麵包情人」，上映時都獲得很高的評價。另外二〇一〇年還有一部電影

「台北星期天」（Pinoy Sunday），是馬來西亞籍年輕導演何蔚庭所執導的第一部劇情片，用比較輕鬆幽默的方式講述菲律賓勞工在台灣的生活，也值得推薦。

而德國這種因外籍勞工所帶來的移民問題，則必須兼顧下一代的教育、社群與文化融合等等較深層的問題，對本國的社會衝擊較大，可惜「歡迎來到德國」並未對此有較深層的討論。德國現任總理梅克爾（Angela Merkel，也就是電影中最後出現的那位只有背影的總理）上台時曾經許諾要將德國改造成一個多元文化的社會，也就是讓土耳其裔與穆斯林文化與德國本身的文化共同成為德國的一部分，但是她在二〇一〇年的一場公開演說中正式承認這樣的努力已經失敗，土耳其人以及穆斯林移民還是要努力學習德語與德國文化才能融入德國社會。或許就是因為要讓新移民融入本國過於困難，現在已經有些國家（如法國）開始設定更嚴格的移民政策，看來「移民」大概是國際關係、社會學、經濟學等諸多學門未來持續研究討論的話題之一。

參考書目

丹尼爾・尤金（Daniel Yergin）著，薛絢、劉道捷譯，《石油世紀》增訂版，台北：時報，2011年。

切・格瓦拉（Ernesto Che Guevara）著，梁永安、傅凌、白裕承譯，《革命前夕的摩托車之旅》，台北：大塊文化，2005年。

史迪格里茲（Joseph E. Stiglitz）著，姜雪影、朱家一譯，《失控的未來：揭開全球中產階級被掏空的真相》，台北：天下文化，2010年。

半藤一利著，林錚顗譯，《昭和史》第一、二部 1945-1989（上、下），台北：玉山社，2011年。

艾瑪・拉金（Emma Larkin）著，黃煜文譯，《在緬甸尋找喬治歐威爾》，台北：衛城出版，2012年。

何平著，《阿富汗史：文明的碰撞和融合》，台北：三民，2011年。

克魯曼（Paul R. Krugman）著，《面對失靈的年代：克魯曼談金融海嘯》，台北：時報，2009年。

東尼・賈德（Tony Judt）著，黃中憲譯，《戰後歐洲六十年》（共四卷），台北：左岸，2013年。

杭廷頓（Samuel S. Huntington）著，黃裕美譯，《文明衝突與世界秩序的重建》，台北：聯經，1997年。

芭芭拉・德米克（Barbara Demick）著，黃煜文譯，《我們最幸福：北韓人民的真實生活》，台北：麥田，2011年。

菲利普・費南德茲・阿梅斯托（Felipe Fernandez-Armesto）著，黃中憲譯，《大探險家——發現新世界的壯闊之旅》，台北：左岸，2010年。

提姆・韋納（Tim Weiner）著，杜默譯，《CIA罪與罰的六十年》，台北：時報，2008年。

莫德・巴洛（Maude Barlow）與東尼・克拉克（Tony Clarke）著，張岳、盧瑩、謝伯讓譯，《水資源戰爭：揭露跨國企業壟斷世界水資源的真實內幕》，台北：高寶，2011年。

彭滂沱著，《天擇：猶太人的故事》，台北：台灣商務，2001年。

賀柏特・畢克斯（Herbert P. Bix）著，林添貴譯，《裕仁天皇與近代日本的形成》，台北：時報，2002年。

傑伊・巴哈德（Jay Bahadur）著，葉佳怡譯，《海盜村：史上第一人勇闖索馬利亞死亡海域，揭開海賊王的神祕面紗！》台北：推文社，2012年。

海伍德（Andrew Haywood）著，陳牧民審閱，李賜賢、陳宛郁、劉泰廷合譯，《全球政治》（Global Politics），2013年。

張錫模著，《全球反恐戰爭》，台北：東觀出版，2006年。

麥克・克雷格（Michael T. Klare）著，洪慧芳譯，《石油的政治經濟學》，台北：財信出版，2008 年。

格雷厄姆・阿利森（Graham Allison）與菲利普・澤利科（Philip Zelikow）著，《決策的本質：解釋古巴導彈危機》（英文版），北京：北京大學出版社，2008 年。

陳牧民、陳宛郁著，《圖解國際關係》（二版），台北：五南，2013 年。

歐文（David Owen）著，區立遠譯，《疾病與權力：診斷百年來各國領袖的疾病、抑鬱與狂妄》，台北：左岸，2011 年。

劉月琴著，《伊拉克：伊甸園的故鄉》，香港，香港城市大學出版社，2010 年。

Stephen Castles 與 Mark Miller J. 著，賴佳楓譯，《移民：流離的年代》，台北：五南。

David Courtwright 著，薛絢譯，《上癮五百年》，台北：立緒，2002 年。

Daniel Drezner, "Foreign Policy Film Festival, Part II" Foreign Policy website, posted on April 28, 2009: http://www.foreignpolicy.com/posts/2009/04/28/foreign_policy_film_festival_part_ii.

Robert Gregg, "The Ten Best Films of International Relations," The World Policy Journal, Summer 1999, 29-34.

Ted R. Gurr 與 Barbara Harff 著，鄭又平等譯，《國際政治中的族群衝突》，台北：韋伯文化，1999 年。

Mark Sachleben and Kevan M. Yenerall, Seeing the Bigger Picture: American and International Politics in Film and

Popular Culture. (New York, Peter Lang, 2012)

Steven Walt, "Foreign Policy Film Festival," Foreign Policy website, posted on April 27, 2009: http://www.foreignpolicy.com/posts/2009/04/27/foreign_policy_film_festival.

博雅文庫 111

電影與國際關係

作者	陳牧民、陳鳳瑜
發行人	楊榮川
總編輯	王翠華
主編	劉靜芬
責任編輯	吳肇恩、李孝怡
美術設計	P.Design 視覺企劃
出版者	五南圖書出版股份有限公司
地址	106 台北市大安區和平東路二段 339 號 4 樓
電話	(02) 2705-5066
傳真	(02) 2706-6100
劃撥帳號	01068953
戶名	五南圖書出版股份有限公司
網址	http://www.wunan.com.tw
電子郵件	wunan@wunan.com.tw
法律顧問	林勝安律師事務所　林勝安律師
出版日期	2014 年 10 月初版一刷 2016 年 7 月初版二刷
定價	新臺幣 380 元

國家圖書館出版品預行編目資料

電影與國際關係 / 陳牧民, 陳鳳瑜著.
-- 初版. -- 臺北市 : 五南, 2014.10
面； 公分. --
ISBN 978-957-11-7830-1（平裝）

1. 國際關係 2. 電影

578.1　　103017964